한국인 에너지

한국인 에너지

신묘한 나라의 놀라운 사람들

KOREAN ENERGY

홍대순 지음

쌤앤파커스

추천사
(가나다 순)

공학기술과 문화유산에 대한 통섭적 해석이 놀라운 책이다. 초일류국가로 가는 길에 필요한 핵심을 짚어준다.

- 권오경, 한국공학한림원 회장

5,000만의 애국 응원가인 '코리아 찬가'의 기상과 포부가 이 책에 그대로 녹아 있다.

- 김보성, 배우

홍익인간의 정신으로 우뚝 서는 대한민국의 희망찬 모습이 펼쳐지는 책이다.

- 김성곤, 재외동포재단 이사장

세계 속에 경쟁력을 갖춘 한국인이 되려면 어떻게 해야 할까, 어떻게 미래를 준비해야 할까를 생각하게 해주는 매우 사랑스러운 책이다.

- 김용두, 사단법인 SNS기자연합회 회장

찬란한 우리의 5,000년 문화, 역사, 정신에 대한 생생한 여행을 다녀온 느낌이다. 한국인으로서 자부심이 밀려든다.

- 김원수, 전前 UN 사무차장

휴대폰 통화연결음이 애국가인 저자의 통찰을 거침없이 보여주는 책이다. 우리 문화의 가치를 널리 알리면 외국인에게도 한국 관광의 매력이 한껏 높아질 것이다. 이 책이 그러한 계기가 되었으면 한다.

- 도영심, UN SDGs Alumni 공동의장, 세계여행관광협회 대사, 제13대 국회의원

우리의 오래된 전통이 인류의 미래"라는 표현이 지금도 생생하게 들리는 듯하다. 문화보존과 전통문화 계승에 큰 역할을 할 내용이 가득하여 늘 곁에 두고 싶은 책이다.

- 박복신, 인사아트프라자 회장

그간 간과해 왔던 우리의 문화유산을 비즈니스 성장의 기회로 삼을 수 있는 새로운 관점을 제시하는 신선한 책이다.

- 반원익, 중견기업연합회 상근 부회장

한국인은 누구인가? 무엇이 한국인인가에 대한 질문에 답해줄 혜안을 제시해 너무나도 반가운 책이다.

- 서창우, 한국 파파존스 회장, 국제로터리 3650지구 총재

늘 곁에서 보아온 저자의 애국심이 물씬 풍긴다. 세계로 뻗어 나갈 웅대한 대한민국의 모습이 한 폭의 그림 같다.

- 손병두, 전 호암재단 이사장

한국인의 끼와 전통 과학에 숨겨진 첨단 과학 기술에 주목할 필요가 있다. 최고경영자라면 반드시 읽어야 할 필독서다.

- 손욱, 전 농심 회장, 전 삼성 SDI 사장

늘 호기심 많은 제게 한국, 그리고 한국인에 대해 새록새록 알게 해주는 책이라 너무 반가웠습니다. 코리아 사랑합니다!

- 안젤리나 다닐로바, 방송인 겸 가수, 모델

경제, 경영, 역사, 문화, 예술을 방대하게 넘나드는 저자의 경륜과 통찰이 그대로 느껴지는 책이다.

- 유병규, HDC 사장

책을 읽으면서 한국인으로서 가슴이 계속 쿵쾅쿵쾅 뛰었다. "자랑스러운 대한민국! 사랑스러운 대한민국!" 탄성이 절로 나온다.

- 유봉석, 네이버 서비스운영총괄

우리의 저력이 무엇인지를 한눈에 들여다볼 수 있는 책이다. 대한민국을 향한 저자의 뜨거운 에너지가 느껴져 더할 나위 없이 좋다.

- 유장희, 이화여자대학교 명예교수, 제2대 동반성장위원회 위원장, 전 포스코이사회 의장

이 책은 문화와 역사를 바탕으로 한국 경제발전의 새로운 관점을 제시해주고 있으며, 우리 사회에 커다란 울림을 준다.

- 이두원, 연세대학교 상경대학 학장, 제22대 한국경제발전학회장

우리의 얼과 혼에 대해 섬세하게 파고드는 저자의 탁월한 시선과 관점에 깜짝 놀랐다.

- 이상현, KCC정보통신 부회장

무릎을 저절로 치게 된다. 한국인이라면 꼭 읽어야 하는 책이며, 미래의 삶을 꿈꾸게 해주는 보약이다.

- 이영석, ERA 코리아그룹 회장, 정치학 박사

무슨 말을 더하랴? 책을 읽어가면서 무어라 형언할 수 없는 많은 것을 느꼈다. 그것이 바로 이 책이 지닌 매력이다.

- 이윤, 성지제강 회장

세계 최초의 배(경남 창녕 비봉리 목선)를 비롯하여 세계 최초, 세계 최고의 문화유산들은 우리에게 많은 화두와 자부심을 던져주기에, 그 가치를 알리는 이 책이 더없이 기쁘고 반갑다.

- 이주영, 전 국회부의장, 전 해양수산부장관

우리가 누구인지, 그리고 한국인의 잠든 엔진이 무엇인지 날카롭게 일깨워주는 책. 감히 일독을 권한다.

- 이현순, 두산그룹 고문, 전 현대자동차 부회장

한국인의 문화력에 대하여 예리하게 파헤치고 있는 이 책은 한국의 미래를 여는 열쇠이다. 읽어보면 왜 한국이 지구촌 보물인지 확실히 증명된다.

- 임마누엘 페스트라이쉬, 아시아인스티튜트 이사장

이런 책을 쓸 수 있다는 것 자체가 놀랍다. 내용에 빠져들어 시간 가는 줄 모르게 읽게 된다. 지금 대한민국에 꼭 필요한 정신이 담겨 있다.

- 정창영, 연세대학교 명예교수, 15대 연세대학교 총장, 전 삼성언론재단 이사장

누군가가 이런 책을 집필했으면 좋겠다고 생각해왔다. 저자의 탁월한 시선이 돋보이는 책이다.

- 최영상, AT커니 코리아 회장, 메타넷 회장

이 책은 한국인의 자긍심, 자부심이라는 '사회적 자본'을 키워주는 소중한 보물이다.

- 최용주, 서울과학종합대학원대학교 부총장

열정과 에너지 넘치는 저자의 모습이 눈에 선하다. 이 책을 계기로 5,000만이 하나 되어 대한민국이 또 다른 신화를 써 내려가길 기대한다.

- 한광옥, 전 대통령 비서실장, 전 새천년민주당 대표

단어만 들어도 설레는 '팍스코리아나'의 힘찬 기상과 대한민국의 미래가 그려지는 매우 담대한 책이다.

- 한수희, 한국능률협회컨설팅 대표이사

대한민국이 진정한 문화 대국으로 가는 길을 제시해주는 책. 지구촌 사람들이 K아트에 매료되어 열광하는 모습을 기대한다.

- 홍지숙, 아트토큰 대표

회사에 걸려 있는 대형 태극기의 정신과 하나가 되는 듯한 느낌이다. 잠든 대한민국을 깨우며, 읽을거리들이 수두룩하여 흥미진진하다.

- 황철주, 주성엔지니어링 회장, 벤처기업협회 명예회장

차례

4 한국 속의 세계, 세계 속의 한국

5 문화유산, 새로운 국부창출의 보고

6 팍스코리아나를 향해

신묘한 나라의 놀라운 사람들

2021년 가을, 넷플릭스 한국 드라마 '오징어 게임'은 전 세계 94개 국에서 1위를 했고, 1억 1,100만 가구가 시청했다. 넷플릭스 사상 최다 시청이자 역대 최고 흥행작이다. CEO 리드 헤이스팅스는 초록색 트레이닝복을 입은 모습을 SNS에 올렸고, 전 세계에 달고나 키트, 무궁화 꽃이 피었습니다 놀이가 열풍이다.

BTS, 블랙핑크 등 K팝 신드롬은 어떤가? 이미 빌보드 차트는 'K팝의 앞마당'이라고 불릴 정도. BTS는 신곡이 나올 때마다 1위에 오르고, 이제 빌보드에서 K팝 가수의 활약을 보는 일은 별로 낯설지 않다. 〈워싱턴 포스트〉는 얼마 전 "K팝은 어떻게 세상을 정복했나"라는 제목의 특집 기사를 냈을 정도다. K무비의 약진도 심상치 않다.

봉준호 감독의 '기생충'은 아카데미 4관왕에 올랐고, '미나리'의 윤여정 배우는 촌철살인의 수상소감으로 전 세계에 '윤여정 신드롬'을 일으켰다. 또 축구, 양궁, 골프 등 스포츠 분야에서도 한국인의 활약이 눈부시다. 대체 이 나라는 뭔가? 뭔데 이렇게 여러 가지로 전 세계를 놀라게 하는가? 그야말로 전 세계는 한국인 열공(!) 중이다.

한국인이기에 가능한, 한국인만이 할 수 있는, 한국인만이 가진 에너지를 이 책에서 '한국인 에너지'라고 부르겠다. 가장 한국인스러운 에너지, 그 무엇으로도 설명할 수 없는 '한국인 에너지'란 무엇일까? 이 책은 바로 그 한국인 에너지가 무엇인지, 어디서 나왔는지, 앞으로 어떻게 활용할지 생각해보는 책이다. 한국인이라면 반드시 알아야 하는 것들이고, 특히 아이들에게 반드시 읽혀야 할 내용이라고 감히 자신한다.

독자 여러분은 한국인을 한마디로 표현하면 뭐라고 하겠는가? 한국인은 어떤 사람들인가? 당장 머릿속에 어떤 형용사가 떠오르는가? 화끈하다, 정이 많다, 부지런하다, 잘 논다, 극성스럽다, 지고 못 산다, 의리 있다, 한이 많다, 오지랖이 넓다, 남의 눈치를 본다 등등. 한국인은 무엇이든 하겠다고 결심한 일에는 목숨을 건다. 어떻게든 해내고, 너무 열심히 하고, 끝장을 봐야 속이 시원하다. 타인에게 관심이 많아서 남의 일에도 곧잘 발 벗고 나서지만, 반대로 남의 눈치도 많이 보고, 남들에게 근사하게 보이고 싶어 필사적으로 노력하기도 한다. 언제 어디서나 기를 쓰며 신명과 신기의 에너지를 풀어내니, 힘들긴 해도 이 나라가 발전할 수밖에 없다.

그렇다면 이 '한국인 에너지'는 어디에서 왔을까? 이 놀라운 나라의 신묘한 사람들이 가진 저력이 무엇일까? 필자는 그것은 바로 5,000년이 넘는 유구한 역사와 찬란한 문화유산, 철학과 정신이라고 생각한다. 그런데 정작 한국인들이 그것이 얼마나 위대한지를 잘 모르는 듯해 안타깝다.

쿠쉬나메를 아시나요?

대한민국 5,000만 인구 중에서 '쿠쉬나메'라는 단어를 들어본 사람은 몇 명이나 될까? 《일리아스》나 《오디세이아》 같은 서양고전은 책을 다 읽어보지 않았더라도 대부분 제목은 들어보았을 것이다. 그런데 페르시아 대서사인 《쿠쉬나메》라는 책은 이름도 너무나 생소하다. 그런데 《일리아스》나 《오디세이아》에는 우리 이야기가 전혀 없는 반면, 그 책에는 우리나라와 관련된 이야기가 수두룩하다. 그런데도 우리나라 사람 대부분이 《쿠쉬나메》는 몰라도 《일리아스》나 《오디세이아》는 잘 안다. 참으로 이상한 일이 아닌가?

오늘날 전 세계 국제화 도시 순위에서 '서울'은 15위권이다. 그런데 8세기 신라의 '경주'는 세계 4대 국제도시에 버금갔다. 그렇다면 단군 이래 5,000년 역사 중 우리나라에서 가장 국제화된 도시는 어디일까? 서울일까, 경주일까? 내가 이런 이야기를 하면 전혀 몰랐다는 사람이 대부분이다. 독자 여러분은 어떠신가?

'황제국'을 칭하며 동북아시아의 군사, 문화강국으로 호령한 고려. 고려의 자주성과 개방성은 우리에게 또 다른 뿌듯함을 선사한다. 또한 고구려 개마무사는 위용과 기개를 떨치며 대륙을 거침없이 활주했다. '동양의 한니발', '유럽 문명의 아버지'라는 애칭을 지닌 세계적 명장 고선지 장군은 또 어떠한가? 세계와 교류하며 종횡무진 맹위를 떨친 우리 선현의 발자취를 따라가다 보면 하나하나가 감동적이다. 지금도 세계인을 깜짝 놀라게 할 역사적 사실들이 수두룩하다. 우리가 이런 선현의 후손이라는 것이 믿어지지 않을 정도다. 여러분은 우리 5,000년 역사의 명장면 하나를 꼽으라면 무엇을 이야기하겠는가?

자원빈국 아닌 정신부국 코리아

인류 역사에서 '인쇄 문명'은 굉장히 중요한 가치를 지닌다. 그런데 우리는 세계 최초의 금속활자 인쇄본인 《직지심경》, 더 나아가 세계 최초의 목판 인쇄물인 《무구정광대다라니경》을 가진 나라다. 쉽게 말해 인쇄 문명으로는 2관왕인 셈이다. 아프리카 희망봉을 표기한 세계 최초의 유라시아 아프리카 전도인 '혼일강리역대국도지도'를 놓고 전 세계 고고학자들이 깜짝 놀라는 상황인데도, 정작 우리는 '그냥 그런가 보다' 하는 분위기다.

5,000년의 찬란한 역사를 지닌 코리아는 고인돌 강국일 뿐만 아니라 세계 최초의 목선, 세계 최초의 볍씨를 가졌다. 지리학계를 깜짝 놀라게 한 혼일강리도를 보유했고, 150년 제왕의 일기도 가지고 있는 명품국가다. 그 외에도 '세계 최초', '세계 최고'의 문화유산이 한두 가지가 아니다. 이것은 유네스코 세계문화유산으로 지

정된 문화재의 수를 보면 쉽게 알 수 있다.

유네스코 세계문화유산은 인류 보편적 가치를 지닌 유무형의 문화유산들을 발굴, 보존하기 위해 지정하는 것이다. 우리나라는 유네스코 세계인류무형문화유산, 세계기록문화유산의 보유수가 전 세계 200개국 중 3~5위권이다. 이는 우리가 명실상부한 '문명국'이라는 사실을 증명하는데, 우리만 까마득히 잊고 있는 듯하다. 우리나라는 그야말로 정신부국(精神富國)이다. 앗! 정신부국? 자원빈국(資源貧國)이라는 단어는 너무 많이 들어서 익숙한데, 정신부국은 왠지 낯설 것이다. 필자는 왜 우리가 정신부국이라는 사실을 우리만 모르고, 우리 스스로를 하찮게 여기는가가 갑갑해 이 책을 쓰게 되었다.

물론 그렇다고 덮어놓고 '우리 것이 소중한 것이여'라고 주장하려는 것은 아니다. 또 우리 문화의 우수함만을 내세워 다른 나라를 비하하거나 다른 문화를 배척하려는 것은 더더욱 아니다. 오히려 '이 모든 것을 어떻게 대한민국의 찬란한 미래에 담을까?'에 초점을 맞추었다. 이 책은 우리의 역사, 문화, 예술, 경제, 경영, 심리학 분야를 입체적으로 관통해 정신부국이자 문화대국으로서 우리가 가진 저력과 힘을 올바르게 조명하고, 이제껏 잘 몰랐던 우리 것의 위대함을 밝히고자 한다. 독자 여러분은 이 책을 읽으면서 우리 문화와 정신에 대한 자부심을 느낄 것이다.

반도체부터 골프, 양궁, BTS까지

다시 한번 맨 처음에 던진 질문으로 돌아가보자. 한국인은 어떤 사람들인가? 독자 여러분은 어떻게 대답할 것인가? 우리 핏속에 흐르고 있는 신명, 신기(神氣)야말로 한국인의 대표적인 문화유전자다. 도대체 그것의 정체가 무엇이기에 우리의 핏속에 흐른다는 것일까? 신명과 신기에서 나오는 흥과 무아경은 무엇이고, 이것이 긍정심리학과 어떤 연관이 있을까? 신명과 신기가 기업경영과 교육현장에 접목되면 어떤 현상이 벌어질까? 우리 민족의 신명과 신기는 4차 산업혁명의 왕좌를 차지할 만한 우리만의 비밀병기가 될 것이다.

한국인은 무슨 일이든 한 번 불이 붙으면 거침이 없고, 타의 추종을 불허할 정도로 자유분방하다. 그래서 무엇이든 매뉴얼을 따르기보다 마음대로(?) 하는 것을 좋아한다. 자유분방하고 창의적이다 보니 여흥, 풍류, 노는 것도 전 세계 톱(top) 수준이다. BTS가 그냥 탄생한 것이 아니다. 5,000년 선현들의 끼와 열정, 그리고 BTS 멤버들과 관계자들의 피땀 어린 노력의 합작품인 셈이다.

전 세계 어디를 가도 이렇게 잘 놀고, 역동적인 에너지를 지닌 나라가 없다. 거기다 한국인의 지능지수는 전 세계 최고 수준이며, 부지런함 역시 세계 최고다. 그리고 극과 극을 오가는 변화무쌍한 기질 또한 갖고 있고, 기가 무척 세다. 이것은 북방의 기마민족 기질과 남방의 농경민족 기질이 융합된 덕분이다.

이제 우리가 가진 탁월한 유전자의 진검승부를 펼칠 때가 되었다. 한국인은 우뇌가 특히 발달했고, 쇠젓가락 문화를 계승한 후손들이라 반도체, 의료, 수술, 골프, 양궁, 게임 등에 탁월하다. 이러한 한국인의 탁월한 유전자에는 전 세계를 집어삼킬 만한 위력이 잠들어 있다.

이렇게 5,000년간 축적된 한국인의 유전자는 식민지배와 전쟁의 폐허 속에서도 눈부신 경제 발전을 이뤄냈다. 외국인들이 이를 '한강의 기적'이라고 표현하지만, 적어도 우리는 '한강의 기적'이 아니라 '5,000년 대한민국의 저력'이라고 표현하는 것이 훨씬 근사하지 않을까? 5,000년의 유구하고 찬란한 문명, 문화가 없었다면 어떻게 다시 일어섰겠는가?

1960년대 아프리카 가나보다도 더 못살았던 대한민국은 불가능해 보이던 상황을 이겨내며 보란 듯이 부활을 이루어냈다. 이것은 우리가 5,000년 동안 갈고닦은 내공이 없었다면 결코 일어날 수 없는 일이었다. 원조받는 나라에서 원조를 주는 나라가 되었고, 더 나아가 30-50클럽(1인당 국민소득 3만 달러, 인구 5,000만 명 이상)에 세계에서 7번째로 가입한 위대한 역사를 써 내려갔다. 정말 대단한 민족이 아닌가? 고구려의 기마정신, 백제의 장인정신, 신라의 화랑정신이 지금 독자 여러분의 몸속에 내재해 있다고 생각해보라. 그 모습이 어떻게 발현될지 궁금하지 않은가?

'삼독'으로 얼과 혼이 빠진 지금

그런데 우리가 한국인으로서의 자긍심과 자부심이 없다는 점은 치명적인 문제다. 더욱 심각한 것은 자기 나라에 대한 긍지와 자부심이 없으면 개개인의 내면에 열등감과 피해의식이 자리 잡는다는 것이다. 그러면 사회 전체가 부정적인 에너지로 가득해진다. 내 나라가 부끄럽고 창피하며, 무엇 하나 내세울 것이 없다고 생각하게 된다. 이는 개인의 삶에도 결코 긍정적인 영향을 주지 못한다.

요즘 우리가 딱 그런 상황이다. 오죽하면 '헬조선'이라는 말이 사회 전체에 독버섯처럼 퍼져 유행어가 되었겠는가? 일반인의 대화 중에도 우리 자신에 대해 "약자에게 군림하고 강자에게 굽실대는 근성이 어디 가겠어?", "늘 모여 서로 내 편 네 편 싸움질이나 했으니 나라를 빼앗겼지." 같은 비하적인 표현이 거침없이 나온다. 이는 전형적인 일제 식민사관의 폐해다. 우리 자신을 부정하고 비하하며 무시하는 것, 이것이 바로 일본 제국주의자들이 그토록 원했던 것이다. 해방된 지가 언제인데 아직도 우리가 알아서, 자발적으로, 우리 자신을 깎아내리기에 앞장서고 있으니 기가 막힐 노릇이다.

우리나라 역사와 한국인의 기질이 세상에서 가장 완벽하고 수승하다고 이야기하려는 것이 아니다. 슬프고 안타까운 역사도 있고, 개선해 나아가야 할 단점도 분명히 있다. 그러나 우리는 자랑스러운 것에 대해서는 너무도 모르고, 심지어 경시하거나 편견을 가지고 바라본다. 이와 대조적으로 부정적인 것은 대폭 확대시켜 우리의 정신을 온통 감싸는 듯하다. 서글픈 일이다.

더욱 심각한 것은 삼독(三毒), 즉 서양숭배(洋毒), 중화사상(中毒), 일제 식민사관(倭毒)이 우리의 정신세계에 꽉 들어찼다는 것이다. 여기서 비롯된 문화 사대주의가 우리도 모르는 사이에 우리의 얼과 혼을 빼앗아 가버렸다. 발레나 오페라는 우아한데 살풀이춤이나 판소리는 구닥다리 느낌인가? 왜 트럼프와 시진핑의 정상회담에서 "한국은 중국의 일부였다."라는 표현이 나왔겠는가? 왜 우리

사회는 지금까지도 일제가 우리의 정신을 말살시키고, 분열과 열등감을 조장하고자 했던 목적대로 살아가고 있는가? 일본제품 불매운동을 한다고 해서 이것이 해결될 문제인가?

바로 이것이 우리의 현실이고 우리의 수준이다. 삼독(양독, 중독, 왜독)으로 우리의 얼과 혼이 다 빠져나갔다. 그래서 필자는 어딜 가든 우리의 역사와 문화에 대해 제발 편견 없이, 객관적으로 바라보자고 강조한다.

컬처노믹스 진검승부는 시작되었다

더 중요한 것은 이처럼 위대한 문화유산을 단순히 보존하는 차원이 아니라 대한민국 신(新)국부창출에 활용해야 한다는 것이다. 앞서 말한 정신부국, 문화대국으로서의 우리 문화는 기업경영의 파괴적 혁신성장에도 새로운 보고(寶庫)가 될 수 있다. 이는 선현들이 우리에게 준 큰 축복이다. 단순히 제품기능을 향상시키는 차원이 아닌 인류문명과 양식을 새로이 바꾸겠다는 결심을 하고 우리의 문화유산을 활용하는 혜안과 통찰력을 가져야 한다. 그럴 수 있다면 기업이 새로운 사업 포트폴리오를 구상할 때, 다른 나라 업체들이 감히 범접할 수 없는 파괴적 혁신도 일으킬 수 있다.

문화유산이 어떻게 파괴적 혁신경영, 신국부창출의 원천이 될 수 있을까? 이 책은 이것을 가능하게 해줄 여러 시선과 관점을 제안할 것이다. 다행인지 불행인지 우리는 아직도 우리의 찬란한 문화유산을 적극적으로 활용하는 진검승부를 하지 않았다. 그것은 역설적으로 무궁무진한 기회가 아직 남았다는 뜻이다.

이 책은 6장으로 구성되었다. 1장은 우리가 누구인지, 한국인 에너지와 한국인의 문화유전자에 대해 이야기한다. '나(한국인)는 누구인가', '무엇이 한국인을 만드나?'에 대한 대답이다. 한국인의 신명과 신기, 자유분방함, 극단적인 기질, 발달한 우뇌에 이르기까지 한국인의 피에 흐르는 심리적, 문화적 형질을 짚어본다. 우리 사회의 많은 현상을 이해하는 작은 창(窓)이 되고, '사랑스러운 대한민국'을 느끼는 기회가 될 것이다.

2장에서는 우리도 모르는 사이에 우리의 얼과 혼을 짓누르는 삼독, 즉 서구신봉주의, 중화사상, 일제 식민사관이 일상생활 속에서 어떻게 작동하는지, 얼마나 뿌리 깊게 박혀 있는지를 파헤쳐본다. 나쁜 의도를 가지고 그런 것은 아니겠지만, 일상에서 나도 모르게 불쑥불쑥 튀어나오는 문화 사대주의가 있다. 우리 안에 꿈틀거리는 문화 사대주의에 대한 불편한 진실을 알아보고, 왜 우리가 얼빠진 민족이 되어버렸는지 그 이유와 해법을 알아본다.

3장에서는 4대가 국립현충원에 잠든 고위공직자 이남규 가문 이야기부터 진정한 노블레스 오블리주를 실천한 유일한 박사, 부자의 품격을 보여준 간송 전형필 선생, 그리고 한국인보다 한국을 더 사랑한 독립운동가 호머 헐버트, 남수단의 슈바이처로 불리는 이태석 신부에 이르기까지 자랑스러운 대한민국의 홍익영웅들을 소개한다. 이들의 따뜻하고 감동적인 스토리를 읽다 보면 대한민국 국민으로서의 자긍심과 자부심이 한층 높아질 것이다.

4장에는 북방 기마민족 기질과 남방 농경민족 기질을 겸비한 우리 선현들이 5,000년 역사에서 전 세계를 종횡무진하며, '세계 속의 한국'만이 아닌 '한국 속의 세계'를 실천한 생생한 이야기를 소개한다. 우리는 결코 '조용한 아침의 나라'가 아니었다. 오히려 전 세계와 활발히 교류하며 영향을 주고받았던 '다이내믹 코리아'의 진면모를 살펴볼 수 있다.

5장에는 '어? 이런 것이 있었나?', '이런 걸 왜 몰랐지?' 하고 다들 의아해할 만한 이야기들을 담았다. 우리조차 모르고 살았던 우리의 찬란한 문화유산 이야기다. 많이 놀랄 수도 있음을 미리 경고해드린다. 그러나 놀라움보다 더 중요한 것은 이러한 문화유산을 어떻게 새로운 성장동력으로 삼아 4차 산업혁명 시대에 글로벌 경제 패권을 움켜쥘 것인가다. '삼성 갤럭시폰에 고인돌 문화를 심자'는 말이 대체 무슨 뜻일까? 문화유산을 그저 '전통이니 보존하자'는 차원이 아니라, 기업경영과 국가경영에 파괴적 혁신의 도구이자 새로운 생각의 근육을 만드는 도구로 활용할 방법을 제안한다.

마지막 6장은 궁극적으로 대한민국이 나아가야 할 비전이자 목표로서 '팍스코리아나(Pax Koreana)'를 향한 대항해를 이끌어줄 5대 아젠다를 소개하며 마무리한다.

팍스코리아나, 세계 중심에 우뚝 서다

필자는 이 책을 통해 우리 5,000만 국민 모두, 그리고 800만 재외동포 모두가 내가 태어난 이 땅, 나의 조국 대한민국을 자랑스럽게 여기길 바란다. 한국인으로서 자부심과 자긍심을 가슴속에 품고 거침없이 신나고 멋지게 살아가길 기대한다. 전 세계로부터 존경받는 세계시민 코리안이 되면 좋겠다.

1인당 국민소득 10만 달러, 지구촌 최고의 '경제부국'과 사회적 자본(social capital)이 풍성한 '문화대국'이 되어 77억 지구촌 시민들로부터 존경받고 서로를 존중하는 대한민국! 그것이 바로 '팍스코리아나'다. 우리 후손들이 '팍스코리아나'의 위상과 품격을 지닌 나라에서 태어나서 살아갈 모습을 떠올려보자. 그러한 나라를 후손들에게 물려주고 싶지 않은가?

이렇게 책을 통해 보석 같은 독자 여러분과 만나는 귀한 인연에 감사드린다. 독자 한 분 한 분 빠짐없이 한국인이라는 자부심을 품고 멋진 인생을 펼쳐 나가시길 바란다. 각자가 이 지구별에 태어난 특별한 이유를 찾고, 근사한 길을 떠나자.

수많은 분의 격려와 응원 덕분에 신나게 책을 쓸 수 있었다. 쌤앤파커스 임직원 여러분들의 프로정신에 깊은 감사의 말씀을 드린다. 또한 필자를 자랑스런 대한민국에 태어나게 해주신 부모님, 영국과 독일에서 격려해주는 멋진 누나와 동생, 그리고 늘 존경하는 장인어른, 장모님께 감사의 말씀을 드리고, 삶이라는 근사한 도화지에 함께 행복을 그려나가는 멋진 아내 소민아 님과 한없이 사랑스러운 윤서, 윤진에게도 고마움을 전한다.

팍스코리아나를 꿈꾸며
홍대순

한국인의 몸속에는 과연 어떤 기질이 흐르고 있는가? 한국인을 구성하는 DNA는 과연 무엇일까? 한국인은 신명과 신기의 민족이다. 야성적 기질에서 뿜어져 나오는 원초적 에너지와 열정은 타의 추종을 불허한다. 자유분방함, 극과 극의 기질, 발달한 우뇌도 특출하다. 이러한 한국인의 심리적, 문화적 형질은 어떻게 발현될까? 그것을 통해 어떻게 하면 새로운 문명혁신의 주인공으로 세계 무대에 우뚝 설 수 있을까? "한국인 에너지는 무엇인가?"라는 질문에 대한 답을 생각해보자.

1

한국인 에너지는 무엇인가?

한국인의 비밀병기, 신명과 신기

한국인은 엄청난 에너지와 한 번 불붙으면 걷잡을 수 없이 활활 타오르는 기질을 지녔다. 한마디로 화끈하다. 2002년 월드컵 응원 열기를 떠올려보라. 집단적 광기(?)에 가까운 응원 열기에 전 세계가 놀랐다. 전 세계뿐만 아니라 우리 자신도 깜짝 놀랐다. 응원하던 우리 국민 한 사람 한 사람의 표정에서 이루 형언할 수 없는 흥과 즐거운 기운이 뿜어져 나왔다.

한국인의 이러한 야성적 기질에서 뿜어져 나오는 원초적 에너지와 열정은 타의 추종을 불허한다. 또 이러한 에너지는 누가 시킨다고 해서 표출되는 것이 아니며, 따라 해보겠다고 해서 그 형질을 구현할 수 있는 것도 아니다. 이것은 원초적으로 내재된 것으로서,

한국인이 지닌 대표적인 문화적 유전자인 '신명'이다.

《이기적 유전자》의 저자 리처드 도킨스(Richard Dawkins)는 생물학적 유전자(gene)와 대비되는 문화적 유전자 개념을 소개했다. 바로 밈(meme)이다. 밈은 한 문화권 내에서 역사적 전통과 사회적 공통성, 문화적 개성을 담고 습득, 모방, 변용되는 문화적 성질을 뜻한다.

난장판이 만드는 파괴적 성과

자, 그렇다면 우리의 문화적 유전자 '신명'이란 무엇인가? 우리말인 '신명'의 사전적 의미는 '흥겨운 신이나 멋'이다. '신'은 어떤 일에 흥미나 열성이 생겨 매우 좋아진 기분을 뜻한다. 우리가 자주 사용하는 '신바람 난다'의 '신바람'은 '신이 나서 우쭐우쭐해지는 기운'으로 정의할 수 있다. 이는 사람의 기(氣) 가운데 흥(興)이 발현되는 것으로서, 자신에게 내재한 신령한 기운인 '신기(神氣)'를 마음껏 펼치는 것이다. 또 순 우리 말인 신명은 '생명 활동의 기운, 천지의 신령'이라는 의미를 지닌 한자어 신명(神明)과 일맥상통한다. 따라서 '신명'은 '신' 또는 '신기' 등으로 불리는 역동적이고 생명력 넘치는 긍정에너지다.

우리가 '신난다', '신명 난다'라는 표현을 자주 쓰는데, 그 의미와 특성을 살펴보면 크게 4가지로 나누어볼 수 있다. 우선 첫 번째로 감정을 주체하지 못한다는 것이다. 흥분된 상태, 환호, 격한 기쁨과 환희, 감격, 감동으로 일상적이지 않은 경험, 즉 매우 특별한 감정 경험을 하게 된다. 소위 '통제할 수 없는 무아지경의 황홀함'을 느끼는 것이다. 이를 통해 스스로 살아 있다는 매우 강렬한 느낌을 받기도 한다.

두 번째, 신명은 주변 사람에게 빠르게 확산, 전이되는 특징을 가졌다. 그래서 신바람이라고 불리기도 한다. 사물놀이를 연상해보라. 한두 사람에서부터 시작해 어느 순간 모여 있는 사람 모두가, 전혀 모르는 사람끼리도 같은 장단에 어깨를 들썩이며 신나게 즐긴다. 한편으로는 '집단광기'로 나타날 수 있지만, 집단에서의 공동체 의식 그리고 공감이라는 요소가 내포되어 '모두가 하나'라는 동질의식, 집단적 경험을 갖게 해준다.

세 번째는 '난장성'이다. 우리는 난장판이 되어야 속이 풀린다. 결코 가만히, 조용히는 못 노는 기질이 있다. 여기에 해학과 웃음이 피어난다. 일상적인 상황에서는 하지 않는, 상상할 수 없는 행동들도 과감하게 펼쳐진다. 파격 그 자체이다. 의식적으로 그렇게 한다기보다는 무의식적으로 그러한 행동이 분출되기 때문에 종종 스스로가 더 놀라는 경우도 많다.

《신명의 심리학》이라는 책을 보면 저자들은 '난장'에 대해 이렇게 설명한다. 난장은 여러 사람이 이리저리 뒤섞여 마구 떠들어대거나 덤벼들어 뒤죽박죽된 장소나 현상을 의미하는데, 한국인들은 아무리 즐거운 놀이라 해도 난장을 벌이지 않으면 신명이 나지 않고, 따라서 의도적으로 난장을 벌이고 기존 질서를 무너뜨린 다음 혼돈 속에서 신명을 찾는다는 것이다.

이러한 '난장'은 한국인의 고유한 기질 중의 하나인 '틀을 거부하는 자유분방함'과 맞물린다. 이는 창의의 원천으로서 매우 중요한 속성이다.

네 번째, 신명은 논리와 이성을 넘어선다. 소위 불가능해 보이는 것들을 가능하게 만드는 초인적인 에너지가 발휘된다는 것이다. 1+1이 2가 아니라 100이 되는 무한에너지다. '한강의 기적'을 비롯해 한국인은 불가능한 것을 가능하게 만든 것이 한두 가지가 아니다. 이러한 모든 것들은 우리의 간판 문화유전자인 '신명'이 있었기에 가능했다. 즉 결과물의 수준을 예측할 수 없을 정도의 '파괴적인 성과'를 이끌어내는 원동력이 바로 신명이다. 끊임없이 기적을 만들어낼 수 있는 유전자가 5,000만 한국인의 핏속에 흐르고 있다. 지금 이 순간에도 말이다.

그렇다면 우리 몸속에 장착된 특급 에너지인 신기하고 영묘한 '신명'은 도대체 어디에서 기인한 것일까? 신명은 '종교적 체험'에서 시작되었다고 볼 수 있다. 샤머니즘 문화에서 샤먼, 즉 무당은 신기가 아주 강하다. 과거에 마을에서 굿을 하면서 무당은 신이 들리고 거기 참석한 모든 사람이 신명의 도가니에 빠져든다. 이것이 바로 신명의 원초적 형태다.

아주 오래전부터 하늘을 숭배하는 제천행사(부여의 영고, 고구려의 동맹, 동예의 무천 등)는 물론이고, 우리의 전통예술인 탈춤, 농악 등도 신명과 함께 호흡하는 큰 이벤트였다. 더불어 자랑스러운 점은 영등굿을 비롯하여 농악, 영산재 등 우리의 신명이 녹아 있는 우리의 전통문화가 이미 유네스코 인류무형문화유산으로 등재되어 있다는 사실이다. 알다시피 유네스코 세계문화유산은 인류의 보편적 가치를 발굴, 보호, 보존하기 위해 유네스코가 지정하는 유산이다. 어쩌면 이러한 문화유산의 뒷면에 녹아 있는 '신명' 덕분에 세계적인 문화유산으로 선정된 것 아닐까? 그러므로 우리는 더욱 박차를 가해 '신명의 세계화'라는 포부를 만방에 떨쳐야 한다.

신명은 인류의 미래 긍정심리자본

과거의 불안이나 우울 같은 부정적인 심리, 정서, 감정에서 벗어나 긍정성에 초점을 맞추는 심리학의 새로운 동향이 바로 '긍정심리학'이다. 이것은 미국 펜실베이니아대학의 마틴 셀리그먼 교수에 의해서 창시되어 널리 소개되었다. 이제 '신명'이 긍정심리학에서 본격적으로 다루어져야 할 인류의 미래 긍정심리자본(positive psychological capital)으로 자리매김해야 한다. 외국인들이 김치를 'Kimchi'라고 하고, 태권도를 'Taekwondo'라고 하듯이, 신명도 'Shin-myong'이라는 한글 고유명사로 발음하며 신명을 만끽하도록 한다면 얼마나 좋을까? 지구촌이 신바람으로 가득 찰 것이다.

《세계를 이끌어갈 한국, 한국인》을 쓴 대체의학 전문가 이상문 원장은 왜 한반도가 우주의 핵심이고 21세기를 이끌어갈 주역인지를 파격적이고 독창적인 논리로 설명한다. 책에 따르면 아폴로 16호가 달에서 지구 사진을 여러 장 찍었는데, 그중 한 곳에서 상서로운 기운이 뻗어 나왔다고 한다. 그곳이 바로 한반도 상공이었다는 것이다. 한반도는 기운이 특이해서 여기서 나는 풀은 잡초라도 약초가 되는 경우가 많다는 설명이다.

앞에서 설명한 4가지 특성 외에도 '신명'은 흥미로운 것이 많다. 신명은 제멋에 겨워야 시작되고, 마음이 먼저 동하지 않으면 꼼짝하지 않는 것이다. 특히 신명을 동기부여 이론 측면에서 보면 더욱 흥미롭다.

동기부여와 관련된 이론 중에 '자기결정성이론(self determination theory)'이라는 것이 있다. 자기결정성이론은 인간이 무슨 일을 하든 자율적으로 하고자 하는 욕구가 있다고 보는 이론이다. '자율성'이 '동기'의 핵심이라는 뜻이다. 무동기(amotivation)는 행동하려는 의지가 없거나 결핍된 상태이고, 외적동기는 소위 인센티브 같은 금전적 보상이나 어떤 외부적 요인에 의해 동기가 부여되는 것이다. 그러나 내적동기는 스스로가 마음을 먹고 즐거움, 재미, 만족감을 얻으려 하는 자기결정적 행동의 원형이 된다. 따라서 신명은 바로 이 내적동기를 일으키는 매우 중요한 원동력이다.

또 세계적인 미래학자 대니얼 핑크는 《드라이브》에서 '동기 3.0'을 소개하며 내적동기를 강조한다. 핑크는 생존을 위해 움직였던 것을 동기 1.0, 20세기 이후 규칙 위주의 기계적인 일에 대한 외적 보상과 처벌, 즉 당근과 채찍으로 움직였던 시대를 동기 2.0으로 규정했다. 그리고 창의적인 일을 하는 데는 내적동기가 중요하며 이것을 사용하는 시대를 동기 3.0이라고 명명했다. 그리고 당근과 채찍 같은 외적동기부여는 오히려 우리의 시야를 좁히고, 창의성을 제약한다는 주장도 했다.

실제 수많은 기업을 대상으로 경영 컨설팅을 수행해온 필자의 경험에 비추어볼 때 크게 공감이 되는 대목이다. 결국 긍정심리, 내적동기, 자율성, 즐거움, 흥, 행복, 영적 충족 등으로 발현되는 그 모든 동기의 중심에 우리의 '신명'이 존재한다.

　어쩌면 그런 측면에서 인류의 번영과 개인의 행복을 위해서 한국이 종주국인 '신명학'이 생겨야 하는 것이 아닐까? 마치 철학에서 심리학이 나왔듯이 심리학에서 신명학도 나오길 바라며, 한국이 낳은 세계적인 신명학자들을 기대해본다. 우리는 이처럼 '신명' 같은 수승한 특질을 선현으로부터 물려받은 위대한 후손이다.

세계 최고의 흥과 끼를 가지다

전 세계에 한국인처럼 역동적이고, 춤과 노래를 좋아하는 민족이 또 있을까? TV 채널을 이리저리 돌려보면 노래 관련 프로그램이 수두룩하다. 최근에는 트로트 열풍이 더해져서 더욱 많아졌다. TV로는 성이 안 차서 라디오 프로그램에서도 청취자들끼리 라이브로 노래 대결을 벌인다. 예전에는 관광버스 안에서도 춤을 추고 노래를 불렀을 정도다.

이 정도면 '음주가무'로는 전 세계 톱 수준이 아닐까 싶다. 술도 그렇다. 우리나라 사람들은 술을 더 빨리 더 많이 마시기 위해 술 마시기 게임을 한다. 외국인들이 처음에는 깜짝 놀라면서도 이내 술 마시기 게임의 재미에 푹 빠진다. 코로나19로 잠시 중단되었지만, 회식도 1차, 2차로 이어지며 끝까지(?) 가야 직성이 풀리는 사람들이다. 낮에는 양복 입고 점잖게 일하다가, 밤이 되면 호프집, 노래방에서 억눌렸던 '끼'를 유감없이 폭발시킨다. 거의 무아지경 수준이다. 낮에 본 그들의 모습은 온데간데없을 정도다. 세계 어디를 가도 한국인처럼 잘 노는 사람들은 거의 없다. 외국인에게 한국인처럼 놀아보라고 해도 이 정도로 잘 놀기는 쉽지 않다.

세계가 깜짝 놀라는 한국인의 여흥

여기서 잠깐 '놀이'의 가치에 대해 이야기해보자. 사실 놀이는 인간의 본성에서 떼려야 뗄 수 없는 중요한 요소다. 네덜란드 역사학자 요한 호이징가는 인간을 '호모루덴스'라고 규정했다. 호모루덴스는 말 그대로 '놀이, 유희의 인간'이다. 신명 나게 난장판을 벌이며 노는 한국인의 모습이 유희의 인간 그 자체라고 볼 수 있다.

플라톤은 '무엇이 바르게 사는 방법인가?'라는 질문에 '삶은 놀이하면서 살아야 한다'고 이야기했다. 그만큼 놀이는 인간의 삶에서 본질적이고 고귀한 가치를 지녔다. 인류가 이룩한 문화에는 놀이의 요소가 스며들어 있다. 몸을 가리는 것 이상의 기능을 바랐기에 호모루덴스는 패션을 창조했고, 밥을 담는 것 이상의 기능을 요구했기에 도자기도 만들어냈다. 이것을 가만히 살펴보면 놀이가 문화의 한 요소가 아니라, 반대로 놀이가 문화와 문명을 만들어내는 핵심적인 역할을 했다고 볼 수 있다.

한국인은 이러한 어마어마한 잠재력을 가진 '놀이'를 신명 속에서 발현하고, 세계 최고의 흥과 끼를 지닌 호모루덴스인 셈이다. 이렇게 태어난 우리는 정말 '선택받은 사람들'이 아닐까? 놀이를 그저 어린아이들의 장난 수준으로 보면 큰코다친다.

필자가 글로벌 전략 컨설팅 회사에서 일할 때 미국, 유럽 등지의 해외 오피스에서 외국인 컨설턴트들과 팀을 이뤄 기업 컨설팅 프로젝트를 함께 하곤 했다. 한국 오피스에서 일할 때 여러 나라에서 온 컨설턴트들이 가장 놀라는 것이 바로 한국인들의 역동적인 놀이문화였다. 회식 자리, 노래방 풍경 등을 보고 그들은 연신 감탄했다. 그들의 눈에는 별천지가 따로 없단다. 비단 이들만이 아니라 전 세계가 깜짝 놀라는 일이다.

이미 해외에서도 유명한 한국인의 여흥, 음주가무 문화는 대체 어디에서 발원했을까? 《삼국지》〈위지동이전〉을 보면 '동이(東夷) 사람들은 하늘에 제사를 지내고 며칠을 계속해서 술을 마시고 밥을 먹고 노래 부르고 춤춘다(連日飮食歌舞)'고 나와 있다.

또 길을 갈 때는 밤이든 낮이든, 노인이든 아이든 할 것 없이 모두 노래를 부르기 때문에 온종일 노랫소리가 끊이지 않는다고 기록되어 있을 정도다. 그 옛날에도 한국인의 음주가무는 정말 유별났던 모양이다. 예나 지금이나 그 모습이 비슷하니 신기하지 않은가! 물론 과도한 음주를 권장하는 것은 아니다. 잘못된 음주문화로 인해 대한민국의 놀이문화가 지닌 긍정에너지를 왜곡하거나 약화시킨다면 이것이야말로 가장 큰 문제다.

망아경 그리고 몰입

신명과 신기가 발휘되었을 때 나타나는 중요한 심리상태가 바로 '몰입'이다. 몰입 이론의 창시자이자 긍정심리학자인 미하이 칙센트미하이는 물이 흐르듯(flow) 자연스럽게 그 일에 빠져든 상태를 '몰입'이라고 했다. 몰입은 외적동기부여가 없어도 그 자체가 목적이 되는 행동을 통해 얻는 경험이고, 이러한 행동에 시간과 공간을 의식하지 못할 정도로 푹 빠져 있는 것을 말한다.

사물놀이 창시자 김덕수 명인의 공연을 보면 초월과 몰입의 상태가 어떤 것인지 느낄 수 있다. 필자는 사물놀이를 통해 우리의 신명을 전 세계에 펼치는 김덕수 명인이 정말 자랑스럽다. 김덕수 명인은 어느 인터뷰에서 이렇게 말했다.

"열정적인 타악이 휘감아 도는 순간, 자기가 때린 울림 속에 자신이 함몰되는 순간을 경험합니다. 그때는 연주한다는 개념이 없어지고 희로애락의 원초적 감정이 완전히 사라집니다. 순수한 무(無)의 상태라고 할까요."[1]

이것이 바로 몰입의 순간이다. 몰입은 상상할 수 없는 폭발적인 창의성을 유발한다. 인공지능, 빅데이터로 대변되는 4차 산업혁명 시대에 중요한 것은 '지식'이 아니라 '지혜'와 '통찰'이다. 자유분방함 속에서 무아지경의 상태인 '망아경(exstacy)'에 빠져들어 그 누구보다 더 거침없이 창의성을 발휘하는 한국인! 파격을 두려워하지 않는 거침없는 몰입의 비밀이 바로, 우리가 지닌 신명, 신기인 것이다. 미하이 칙센트미하이 교수도 한 인터뷰에서 이렇게 밝힌 바 있다.

"무엇인가에 몰입하는 것은 행복의 필수조건입니다. 물질적, 감각적 쾌감만을 행복이라고 할 수는 없습니다. 목적의식을 가지고 어떤 일을 이루어 낸 다음, 기분 좋았다고 느끼는 것, 그것이 행복으로 연결됩니다."[2]

결국 신명에 의한 자기성취, 자아실현, 초월성은 에이브러햄 매슬로의 욕구위계 이론에서도 '최상위'에 해당하는 것이다. 이처럼 많은 학자의 연구결과들이 신명이 매우 수승한 문화유전자라는 것을 입증해준다.

이제 각자에게 이미 내재해 있는 신명과 신기를 일상생활과 사회생활에 투영시킨다면 우리는 지금보다 훨씬 더 행복하고 근사한 삶을 살 수 있다. 석유는 사용하면 고갈되지만, 신명과 신기는 쓰면 쓸수록 더욱 솟구쳐 오르는 우리의 자랑스러운 문화유전자이자 정신유산이며 인류의 보물이다.

신명과 신기가 폭발하면

그렇다면 한국인의 핏속에 장착된 신명과 신기를 어떻게 활용해야 할까? 이제 우리는 신기를 미래 대한민국의 경제, 사회에 막대한 기여를 할 수 있는 우리의 정신문화이자 긍정심리자본으로 승화시켜야 한다. 우리의 비밀병기인 신기를 아직 전 세계에 제대로 펼쳐 보이지 못한 아쉬움이 있지만, 한편으로는 앞으로 기회가 존재하기에 더욱더 희망차게 나아갈 수 있다.

무엇보다 한국인의 신기가 발휘되어 전 세계를 깜짝 놀라게 한 분야는 바로 예술 분야다. 전 세계를 강타하고 있는 BTS를 비롯한 K팝은 선현들로부터 물려받은 신명과 신기가 유감없이 발휘된 듯해 자랑스럽기 그지없다. 물론 멤버들과 관계자들의 피땀 어린 노력과 처절한 고민이 가장 큰 성공요인이지만 말이다.

국가 차원에서는 이러한 '신기'를 교육과 산업에 적극적으로 활용해야 한다. 아이들이 학교에서 신나게 공부하고, 직장인들이 신명 나게 일할 수 있도록 만드는 비결이 우리 몸속에 내재되어 있는데도 아직 제대로 활용하지 못해 아쉽다.

물론 이미 직장에서 신명 나게 일하는 사람도 있겠지만, '재미없다', '가기 싫다', '어쩔 수 없어 간다'는 등 의무감으로 가득한 경우들이 적잖이 존재한다. 시간 가는 줄 모르고 신나게 일하던 조직문화가 사라진 듯하다. 일요일에도 회사에 가고 싶을 정도로 일에 미쳐 있어야 하는데 말이다. 독자 여러분 중에는 분명 일하면서 이런 신나는 경험, 신명의 경험을 해본 분들이 있을 것이다(그렇다고 주말에 회사에 가라는 뜻은 아니다). 아침에 눈이 번쩍 떠지고, 발걸음이 저절로 옮겨질 만큼 '스스로'가 신이 나서 일하는 것 말이다.

교육현장도 마찬가지다. 아무리 둘러보아도 신명의 에너지가 펄펄 끓어 오를 수가 없는 구조다. 교육현장에 계신 많은 분의 노력으로 학교가 변화하고는 있지만, 우리 체질과 DNA에 맞는 교육 대전환이 필요하다.

기업경영에도 '신바람 경영'에 대한 고민을 가속화할 필요가 있다. 우리나라는 특히 학교와 기업 모두 '관리'와 '통제'를 지나치게 중시해왔는데, 그 자체가 아무 의미 없다고 볼 수는 없지만, 급변하는 시대에 미래 경쟁력을 갖추는 데는 분명 한계가 있다. 교육현장과 기업현장에서 파괴적 혁신이 일어나지 않으면 글로벌 경쟁에서 도태될 뿐이다.

게다가 우리가 가진 신기와 신명이라는 비밀병기도 제대로 사용하지 못하다 보니 학생도, 직장인도 행복하지 않다. 신기를 발휘하면 공부와 일이 더 재미있어진다. 이러한 내적동기부여는 이제까지와는 비교할 수 없을 정도의 혁혁한 성과를 만들어낼 수 있다. 왜냐하면 신명은 철저히 자기 생명력의 표출이자 살아 있음을 나타내는 것이기 때문이다. 누가 시킨다고 되는 일도 아니다. 사람은 스스로 마음이 일지 않으면 단 한 발자국도 움직이지 않는다. 철저하게 내적동기부여에 기반한 자기행동이 일어나게 해야 한다. 신명, 신바람, 창의의 기질이 발휘되지 못하게 관리하고 통제하는 기업과 학교는 결국 도태될 수밖에 없다.

그렇다면 어떻게 신명과 신기를 학교와 일터에 심을 수 있을까? 학교에서는 신기에 기반한 '신명교육', '신기교육'인 'K에듀'를, 기업에서는 '신명경영', '신기경영'인 'K경영'을 재구성할 필요가 있다.

우리나라는 서양의 경영방식을 도입해 패스트 팔로워(fast follower) 전략으로 세계 10위의 경제력을 갖게 되었다. 하지만 앞으로는 다른 국가와 기업이 갖지 못한, 그리고 모방하려고 해도 결코 모방할 수 없는 우리만의 무언가가 필요하다. 그것이 바로 신명과 신기다. 이것이 조직운영에 투영되도록 한다면 기업경영의 새로운 패러다임이 될 것이다. 히타치와 삼성전자에서 임원으로 일했던 요시카와 료조는 "한국인들은 신명이 나면 평상시 자기 능력으로는 상상할 수 없을 정도의 불가사의한 힘이 치솟아 오른다."고 말한 바 있다.

가끔 우리가 지닌 이러한 신명과 신기를 잊은 채 해외기업을 벤치마킹하면서 "와, 역시 미국기업은 달라!", "선진국 방식이 최고지!" 하고 말한다. CEO는 신년사나 임직원과의 대화 자리에서 벤치마킹한 해외기업 사례를 언급하면서 "우리도 그렇게 해보자!"고 힘주어 말한다. 하지만 벤치마킹의 시대는 끝났다.

이제는 남을 따라 해서는 성공할 수가 없다. 굳이 남을 따라 하기보다는 구성원의 마음속에 이미 존재하고 있는 신명과 신기라는 폭발적인 에너지를 어떻게 밖으로 끌어낼 것인가를 고민해야 한다. 이것이 전방위적으로 실행될 때 세계를 발칵 뒤집을 거대한 성과가 지속적으로 쏟아져 나올 수 있다. 이것이 신명국가의 진면목 아닐까?

펄 벅이 감동한 '보석 같은 나라,

《대지》를 쓴 소설가 펄 벅 여사는 퓰리처상과 노벨문학상을 동시에 수상한 미국 최초의 여성작가다. 《대지》를 읽어보지 못했더라도 '펄 벅'이라는 이름은 들어보았을 것이다. 그런데 펄 벅 여사가 우리나라를 배경으로 소설을 쓰고, 우리나라에서 다양한 사회활동을 했다는 사실을 아는가? 이것을 아는 사람은 매우 드물 것이다. 또 펄 벅 여사는 한국을 '보석 같은 나라'라고 극찬했다.

펄 벅 여사는 1892년 6월 26일 미국 웨스트버지니아주에서 태어나 선교사인 부모님을 따라 중국으로 가서 유년기를 보냈다. 이후 미국으로 돌아와 대학을 졸업하고, 첫 번째 소설인 《동풍 서풍》에 이어 대표작 《대지》를 발표해 퓰리처상과 노벨문학상을 받았다.

까치밥과 농부 이야기에 감동받은 이유

펄 벅 여사가 한국에서 겪은 농부의 일화는 현대사회를 사는 우리가 잊고 지낸 한국인의 성품과 심성, 문화 유전자가 무엇인지에 대해 다시 한번 되새겨보게 만든다.

한국에 머물던 어느 날 한 농촌에서 펄 벅 여사는 매우 신기한 장면을 목격했다. 한 농부가 일을 마치고 귀가하는 모습이었다. 농부는 지게에 볏단을 잔뜩 지고 걸어가는 중이었다. 볏단을 소달구지에 싣고, 농부는 편하게 가도 될 텐데 왜 굳이 지게에 볏짐을 지고 가는지 의아했다. 펄 벅 여사가 그 이유를 물어보았더니, 농부는 이렇게 대답했다.

"소도 낮에 열심히 일했는데 집에 갈 때는 편히 가야죠."

농부의 이야기에 펄 벅은 큰 감동을 받았다. 이는 인본주의 중에서도 매우 수승한 인본주의가 아닌가? 생명의 존엄성, 자연과의 공생을 넘어 우주 만물에 대한 존엄성을 갖고 공동체 의식을 발휘하는 사고가 체화된 것이다. 자연이나 동물을 단순히 인간의 편의를 위해 존재하는 대상이나 도구가 아니라 생명의 주체로서 존중하는 매우 숭고한 한국인의 성품을 보여준 사례다. 자연에 대한 이러한 숭고한 철학을 전 인류가 지니고 있었다면 아마도 코로나19도 발생하지 않았을 것이다. 어찌 보면 코로나19 바이러스는 자연을 함부로 대하는 인간에 대한 엄중한 경고이기 때문이다.

한 가지 일화가 더 있다. 우리의 오랜 전통인 '까치밥'에 대해 들어본 적이 있는가? 펄 벅 여사가 경주를 여행하다가 감나무 끝에 감이 몇 개 남아 있는 것을 보고 당시 동행하던 이규태 〈조선일보〉 기자에게 물었다.

"저 감들은 따기가 힘들어서 그냥 놔둔 것인가요?"

그러자 이규태 기자는 이렇게 대답했다.

"아니요. 그건 까치밥이라고 해서 새들을 위해 남겨둔 거랍니다."

그러자 펄 벅 여사는 이규태 기자의 대답에 탄성을 질렀다고 한다. 한국인에 대해 이루 표현할 수 없는 감동을 느낀 것이다. 우리에게는 매우 익숙하고 당연해서 그냥 지나쳐 버릴 법한 것인데, 서양인인 펄 벅 여사는 한국인이 자연을 대하는 자세에 감탄했다. 심지어 이규태 기자는 이때 받은 충격으로 '한국학'을 연구하기 시작했고, 덕분에 대한민국에 '이규태'라는 걸출한 작가가 탄생하기도 했다. 이규태 칼럼니스트는 23년 동안 무려 6,702회 칼럼을 기록으로 남긴 대작가가 되었다.

펄 벅 여사는 한국에서 지내는 동안 한국에 대한 사랑과 애정이 점점 더 각별해졌다. 1963년에 구한말 한국을 배경으로 한 장편 대하소설《살아 있는 갈대》를 출간했다. 이 책은 출간하자마자 미국에서 베스트셀러가 되었으며, 〈뉴욕타임스〉 등 유력 언론들은 《대지》 이후 최고의 걸작'이라는 찬사를 보냈다. 평론가들은 '펄 벅이 한국에 보내는 애정의 선물'이라며 극찬했다.

이 소설 첫머리에서 펄 벅 여사는 "한국은 고상한 사람들이 사는 보석 같은 나라"라고 극찬했다. 그런데 우리 5,000만 대한민국 사람 중에《살아 있는 갈대》를 읽은, 아니 이 책의 제목이라도 들어본 사람이 과연 몇 명이나 될까? 세계적인 유명 작가가 우리나라에 대해 쓴 책을 정작 우리는 대부분 모른다고 생각하니 부끄럽기 그지없다.

펄 벅 여사의 한국 사랑은 여기서 그치지 않는다. 1967년에는 부천시 심곡동에 '소사희망원'을 세워 전쟁고아, 혼혈아동을 돌보고 교육시키기도 했다. 또한 "연합군의 카이로선언을 믿는 것보다 오히려 한국인 스스로 독립을 쟁취해야 한다."며 자주독립의 중요성을 강조하기도 했다.

한국인의 어질고 착한 본성

위에서 살펴본 농부의 마음과 까치밥! 이것이 바로 한국인이 지닌 보석 같은 DNA이고, 독자 여러분의 마음속에 흐르는 고귀한 품성이다. 이처럼 한국인의 품성은 어질고 착한데, 이러한 성품은 고(古)문헌에서도 확인할 수 있다.

중국에서 가장 오래된 지리서 《산해경》에서는 "고조선은 군자의 나라이며 그 백성들이 양보하기를 좋아하고 다투지 않는다."라고 나와 있다. 중국의 가장 오랜 자전 《설문해자》에서는 "이(夷)란 동방에 사는 사람이다. 오로지 동이만이 대의를 따르는 대인이다. 동이의 풍습은 어질다. 어진이는 장수하는 법이며, 그곳은 군자들이 죽지 않는 나라다."라고 나와 있다. 《후한서》의 〈동이열전〉에는 "동방은 이(夷)이며, 이는 근본이다. 만물이 땅에서 나오는 근본이다. 동이의 풍속은 어질다. 천성이 유순하다. 군자의 나라요, 불사

(不死)의 나라다."라고 기록되어 있다.

우리나라 최고의 필적학자인 구본진 변호사의 책《어린아이 한국인》에 따르면《삼국지》〈위서〉'동이전'에는 "그 나라 풍속은 길을 가다가 마주치면 서로 서서 길을 비켜준다."고 나오고, "그 사람들은 항상 흰옷을 입는다. 흰 천으로 된 두루마기, 저고리, 바지를 입는다."는 이야기도 있다. 또한 앞서 언급한《산해경》에서는 "그들은 서로 사양하기를 좋아하고 다투는 일이 없다. 또한 무궁화가 있는데 아침에 피었다가 저녁에 진다."고 나와 있다.

중국 송나라 서긍의《고려도경》을 보면 "고려에는 재가화상이 있는데 (…) 나라를 위해 부역에 가리는 일이 없으며, 변방에 난리가 발생하면 즉시 단결하여 출동하는데 그 용감하고 장대함이 비할 바 없다. 전쟁에 나갈 때 각자의 병기와 식량을 지참함으로 국비를 들이지 않고도 능히 싸울 수 있다. 듣건대 거란이 고려에 패한 것도 바로 이 때문이라 한다."고 나와 있다.

서로 양보하고 배려하며 희생하면서 사는 것이 우리의 원래 모습이다. 문화와 도덕이 꽃핀 일류국가의 기품이 느껴지지 않는가? 위의 글을 본 순간, 이게 정말 우리나라 얘기가 맞나 하고 의아하게 생각한 독자도 있을 것이다. 지금 대한민국의 모습과 너무 다르기 때문이다. 남을 배려하지 않고, 예의도 없고, 험한 말도 아무렇게나 내뱉는 모습이 떠오르면서 괴리감이 들 수 있다.

그래서 우리가 본래 누구인지, 어떤 사람들인지 아는 것이 중요하다. 지금 대한민국의 부정적인 모습이 우리의 원형이라고 생각하면 결코 안 된다. 물질적인 가치를 중시하는 현대사회로 넘어오면서 본래의 모습이 훼손된 것일 뿐, 우리의 근본과 본성은 여전히 그대로다.

일본 유학 중이던 고(故) 이수현 씨는 2001년 1월 26일 도쿄의 한 전철역에서 선로에 떨어진 일본인을 구하다 목숨을 잃었다. 일본열도가 이수현 씨의 희생정신과 용기에 놀랐고, 2007년에는 '너를 잊지 않을 거야'라는 추모영화도 만들어졌다. 그 영화의 시사회에는 아키히토 일본 천황 부부도 참석했다. 참으로 가슴이 뭉클한 이야기가 아닐 수 없다. 대한민국의 진정한 의인(義人) 이수현의 정신은 모두의 마음속에 영원히 기억될 것이다.

세계를 깜짝 놀라게 한 일은 그 외에도 얼마든지 많다. 나라를 위해 목숨을 바친 자랑스러운 우리의 의병, 독립운동가들과 더불어, 국난극복을 위해 전개한 국채보상운동은 물론이고, IMF 당시 전 국민의 '금 모으기 운동', 2007년 기름유출 사고가 났을 때 태안 앞바다에 모여든 수많은 자원봉사자의 이야기는 아직도 해외에서 회자되며 감탄을 자아내고 있다.

이 순간에도 국내에서든, 해외에서든 타인에게 도움을 주고, 희생하는 한국인들의 미담이 넘쳐난다. 남이 어려움에 처하면 외면하지 못하고 발 벗고 나서는 사람들, 국가적 재난 앞에서 자신을 돌보지 않고 목숨을 바치는 사람들이 바로 한국인이다. 희생정신과 봉사정신 같은 한국인의 본성이 아직 내면에 남아 있다. 특히 코로나19 때 보여준 대한민국 의료진의 희생정신과 국민 개개인이 보여준 합심하는 모습은 'K방역'이라는 전 세계 유례없는 모범 사례를 만들어냈다.

세계화 4.0 시대의 가장 절실한 시대정신은?

필자가 운영하는 유튜브 방송 '홍대순TV'에서 《상상 속의 덴마크》 저자인 에밀 라우센 씨를 초대해 대담을 했다. 에밀 라우센 씨에게 가장 감명 깊게 느꼈던 한국인 특징을 꼽아보라 했더니 그는 정(情)이라고 했다. 그렇다. 우리는 정이 넘치고 넘친다. "하나 주면 정 없다.", "미운 정 고운 정 다 들었다.", "그놈의 정 때문에" 등 정에 대한 표현도 다양하다. 물건을 사고 팔 때도 흥정하면서 주는 사람, 받는 사람 모두 오손도손 정이 넘치고 웃음이 넘친다.

외국인들이 우리나라 식당에 가서 가장 놀라는 것이 반찬 리필이라고 한다. 밥도 조금 더 달라고 하면 추가로 밥값을 내지 않아도 더 주는 경우가 많아서 놀란다고 한다. 어찌 보면 반찬도 더 달라고 하면 계속 주니 무제한이다. 참으로 인정이 철철 넘치는 민족이 아닐 수 없다.

이처럼 아름다운 심성이 한국인의 힘이고 위대함이다. 그런데 우리는 너무 부정적인 것에만 익숙해져 "한국인들은 이래서 안 돼." 하는 비하하는 표현을 서슴없이 쓴다. 왜 우리 스스로를 깎아내리는가? 이것 역시 우리가 우리 본래의 모습을 너무나도 모르기에 그러는 것이다. 더군다나 어질고 따뜻한 한국인의 근본적인 심성은 '세계화 4.0' 시대에 가장 필요한 시대정신이다.

참고로 '세계화 4.0'은 2019년 다보스포럼에서 화두가 되었는데, 세계화 1.0은 1차 세계대전 이전 제국주의 시기를 말하며, 세계화 2.0은 2차 세계대전 이후 UN 등의 국제기구가 세워진 시기로 글로벌 거버넌스가 정립되어 가기 시작했을 때를, 세계화 3.0은 기업들의 글로벌화가 가속화되는 시기이다. 세계화 4.0은 '사람 중심의 세계화'로 전 세계가 물질자본주의, 자국우선 경향, 사회 양극화 등으로 국제사회 협력과 세계화의 도덕적 재무장이 요구되는 시기다. 이런 때일수록 한국인의 아름다운 심성이 전 세계로 발휘되어야 할 것이다. 특히 '정'을 비롯하여 타인에 대한 배려와 양보, 나눔 같은 '이타심'은 우리의 오래된 전통이자 가슴속에 살아 있는 본성이다. 이것은 지금 지구촌의 공존과 번영을 위해 가장 필요한 시대정신이기도 하다.

국내외 곳곳에서 개최되는 많은 포럼에서 세계화 4.0의 시대정신을 찾고 있는데, 멀리서 찾을 필요가 없다. 바로 한국인의 따뜻한 성품이 지구촌 시대정신이기 때문이다. 미중 패권경쟁이 심화되고, 각국의 이해관계가 첨예하게 대립하는 국제정세 속에서 과연 지구상의 200개 국가 중 누가 나서서 시대정신을 이야기하고 정신문화를 이끌어갈 것인가? 초강대국이 나서면 자칫 오해를 사기가 쉽고, 개도국이 나서면 국제사회에서 입지가 약해 영향력이 별로 없다. 선진국이면서도 개도국의 어머니라 불리는 대한민국이야말로 세계화 4.0 시대의 시대정신을 이끌어갈 최적국이 아닐까?

펄 벅 여사가 감동받은 까치밥과 소를 아끼는 농부의 마음 같은 한국인의 아름다운 심성이야말로 우리가 지닌 최고의 DNA이자 정신유산이다. 따라서 우리는 지금 이 순간부터 훼손된 우리의 아름다운 심성을 복원하고, '나는 누구인가'를 제대로 탐구해야 한다. 우리 한 명 한 명이 그야말로 보석 같은 존재임을 스스로 느껴야 한다. 스스로를 고귀한 존재라고 인식할 때 고귀한 생각과 행동을 하기 때문이다. 그러한 고귀한 생각과 행동으로 대한민국은 세계화 4.0 시대의 중심에 설 것이다.

한국인의 네오테니, 자유분방함

'네오테니(neoteny)'라는 생물학 용어가 있다. 한자로 '유형성숙(幼形成熟)'이라고도 하는데, 한 생명체가 어릴 때의 형태를 그대로 간직한 채 성숙하는 것을 뜻한다. 어른이 되어서도 어린이 같은 감성과 인식을 가지는 사람을 은유적으로 표현할 때도 쓴다.

인간이 신체, 정신, 감정, 행동 등 모든 측면에서 어린아이 같은 특성이 줄지 않고 오히려 두드러지는 쪽으로 성장하고 발달한다면 어떨까? 사랑, 낙천성, 웃음, 노래와 춤, 호기심, 장난기 같은 특징이 어른이 되어서도 그대로 남는다면 말이다. '젊게 사는 사람들'의 특징과도 유사하지 않은가? 미국의 인류학자 리처드 퓨얼(Richard D. Fuerle)은 저서 《우리들 사이에서 활보하는 에렉투스(Erectus

Walks Amongst Us)》에서 "지구상에서 동아시아 사람들이 가장 네오테닉하고, 그중에서도 한국인들이 가장 네오테닉하다."고 했다.

이 기질은 쉽게 말해 '어린아이 같은 자유분방함'이라고 표현할 수 있다. 한국인은 무엇에 얽매이는 것을 매우 싫어하고, 남의 간섭을 받는 것도 지독히 못 견딘다. 매뉴얼 같은 것이 있어도 그대로 따라 하려 하지 않고, 대체로 자기 마음대로 하는 것을 참으로 좋아한다. 그런 기질 때문에 간혹 무질서한(?) 모습을 보여 눈살을 찌푸리게 만드는 경우도 있지만, 한국인의 '자유분방함'이라는 근본적인 특징은 타의 추종을 불허한다.

게다가 이 자유분방함이 여러 방면에서 발휘되니 꾸밈없고, 낙천적이며, 호기심과 장난기가 많은 어린아이처럼 보이기도 한다. 이는 우리 민족의 중요한 축을 차지하는 원형의 기질이다. 여기서도 호모루덴스의 모습이 보이지 않는가? 독일의 철학자 니체는 "어린아이는 순진무구요, 망각이며, 새로운 시작, 놀이, 스스로의 힘에 의해 돌아가는 바퀴이며, 최초의 운동이자 거룩한 긍정이다." 라고 말했다. 한국인에게서 발견할 수 있는 네오테닉한 특징이 무엇인지 살펴보자.

에르메스도 극찬한 한국 조각보의 예술성

요즘은 보자기를 쓸 일이 거의 없지만 '보자기' 이야기를 해보겠다. '보자기'라는 단어만 들어도 벌써 고리타분하다는 사람도 있을 것이다. 그런데 '조각보' 얘기를 하면 달라진다. 옛사람들이 옷을 만들고 남은 천 쪼가리를 정성스레 이어 붙여 만든 보자기가 바로 '조각보'다. 그런데 그 조각보의 예술성이 최근 세계적으로 큰 주목을 받고 있다.

세계적인 석학 기 소르망 교수는 우리나라 조각보의 아름다운 색감과 모양을 극찬했고, 2014년 아세안 정상회의에 참석한 각국 정상들은 조각보 머플러를 둘러 화제가 되기도 했다. 그뿐 아니라 프랑스 명품 브랜드 에르메스 역시 2019년에 '보자기의 예술(L'Art Du Bojagi)'이라는 이름의 스카프를 출시했다(에르메스는 판매 수익금 일부를 한국 문화유산 보존사업에 지원하고 있다).[3]

독일 린덴 국립민속학 박물관 관장 피터 틸레는 "한국의 조각보는 꿈에서 본 듯한 아름다움을 지녔으며, 제작기법은 마치 몬드리안이나 클레를 연상시킨다."라고 했다. '이 정도일 줄이야!' 하고 놀랐는가? 정말 우리만 우리의 위대함을 모르는 게 아닐까?

우리 눈에는 그냥 보자기로 보인다. '예술'이라는 생각은 꿈에도 하지 못하고, 작품이라는 생각은 더더욱 못 한다. 그냥 촌스럽고 대충 아무렇게나 만든 것으로 생각할 수도 있다. 그렇다면 왜 우리는 우리 것을 비하하는 관점을 갖게 되었을까? 외국인들의 뼈 때리는 일침에 마음이 무겁다.

미국에서 꽤 잘나가는 어느 디자이너가 한국에 와서 한국 회사의 디자이너들을 교육하는 일을 맡았다. 그는 이렇게 일갈했다고 한다. "왜 한국 디자이너들은 유럽 사람 아니면 미국 사람이 되려고 하는가? 당신네 나라의 전통적인 문물에도 대단히 훌륭한 디자인이 많다. 그런데 왜 한국 디자이너들은 이런 데 주의를 기울이지

조각보

않는가?"[4]

　이것은 특정한 누군가의 잘못이라기보다는 한국인 대부분이 한국 미학에 대한 지식이 부족해서 그런 것이 아닐까 싶다. 누가 알려주지 않으니 잘 모르기도 하고, 그래서 가치를 못 알아볼 수도 있다. 그러다 보니 간혹 우리 것을 습관적으로 경시하거나 무시하기도 한다. 반면에 서양 미술은 익숙하기도 하고, 부러워하기도 하는데(서양에서는 우리 것을 부러워하는 줄도 모른 채) 먼저 우리 것을 제대로 알고자 하는 노력이 없었다는 사실은 반성해야 한다.

　비례, 직선, 균형이 서양의 미학이라면, 우리는 자유분방함과 자연스러움에 있어 단연 독보적이다. 석굴암 등을 보면 비례와 균형의 미에 자연스러움까지 더해져 우리만의 멋과 깊이가 느껴진다.

달항아리에 깃든 어리숭한 둥근 맛

　앞에서도 언급한 《어린아이 한국인》의 저자 구본진 변호사는 국내 최고의 필적학자이자 글씨 전문 컬렉터로 유명하다. 그는 저서에서 우리 글씨체에 담겨 있는 한국인의 자유분방함과 정형화되지 않는 특징에 대해 이렇게 이야기했다. "《무구정광대다라니경》은 질박하고 소박하며, 획일화되거나 질서정연하지 않다. 마치 손으로 쓴 것처럼 글자가 바뀔 때마다 형태가 달라져서 어떤 것은 윗부분이 크고, 어떤 것은 아랫부분이 크며, 왼쪽이 크기도 하고 오른쪽이 크기도 하다. 한 행의 글자 수가 다른 만큼 글자의 크기, 간격이 다르고 행의 간격도 다르다. (…) 세계적으로도 한민족처럼 인쇄체에서 정형화, 획일화가 이루어지지 않은 경우가 찾기 힘들다." 우리는 글씨체에서도 정형보다는 부정형, 엄밀히 이야기하면 '자연스러움'을 고스란히 간직한 민족이라고 할 수 있다.

필자가 좋아하는 백자 '달항아리'를 보자. 어떤 느낌이 드는가? 화려하고 정교한 느낌보다는 넉넉하고 부드럽고 온화하면서 무엇보다도 순수함이 묻어난다. 둥그런 모양 자체도 정교하게 완전히 둥그런 원이 아니라 투박한 형태다. 그런데 자꾸 눈이 가는 이유가 무엇일까?

우리나라에서 미술품 경매 최고 낙찰가의 신기록을 쓰고 있는 김환기 화백은 달항아리의 아름다움에 매료되어 달항아리 그림을 쏟아냈다. 미술사학자 고(故) 최순우 선생은 "아무런 장식도 고운 색깔도 아랑곳할 것 없이 오로지 흰색으로만 구워낸 백자 항아리의 흰 빛의 변화나 그 어리숭하게만 생긴 둥근 맛을 우리는 어느 나라에서도 찾아볼 수 없다는 데서 대견함을 느낀다."라며 백자 달항아리의 아름다움에 대해 찬미했다.

백자 달항아리에 대해 수많은 외국인도 감탄하는데, 영국의 대표적인 도예가인 버나드 리치(Bernard Howell Leach)는 한국에서 달항아리를 구입해 가져가면서 "나는 행복을 안고 갑니다."라며 좋아했다는 일화로 유명하다. 또 동양 미술사학자인 마이클 커닝햄(Michael R. Cunningham)도 이렇게 예찬했다. "달항아리는 도자기라는 외형 안에 감추어져 있는 한국적인 '목소리'의 영예로운 표상이 될 수 있다. 아니, 진실로 그렇게 여겨져야 한다. 감상자의 시선에

백자 달항아리(보물 제1437호)

일순간 비치는 곡선 하나에도 비범한 힘이나 미묘한 굴곡의 변화가 담겨 있는, 천성적으로 인공이나 자의식이라고는 전혀 찾아보기 어렵고 꾸밈없고, 확고한, 그리고 비할 데 없이 한국적인 존재인 것이다."⁵

너무 멋지지 않은가? 한 가지 더 있다. 백자 철화끈무늬 병을 보자. 덩그러니 끈 무늬 하나가 있는데, 이 선도 그야말로 삐뚤빼뚤하다. 그런데 자꾸 눈길이 간다. 진짜 끈 같기도 하고 아닌 것 같기도 하다. 여기에는 투박하고 단순하기 그지없는 자유분방함과 일필휘지 느낌의 대담함이 어우러져 있다. 우리가 학창 시절 수업시간에 달달 외운 용어, '무기교의 기교', '여백의 미학'을 여지없이 보여준다. 선 하나로 간결함, 추상성, 대범함은 물론이고 익살과 해학까지 녹여내다니! 이처럼 파격적이고 거침없는 자유분방함이 우리 예술 속에 그대로 투영되는데, 이 맛을 알면 헤어나오기 쉽지 않다.

그리고 우리 전통그림은 온통 '여백'투성이다. 여백이 주는 아름다움, 채움과 비움을 알았기에 이러한 작품들이 나왔을 것이다.

한국인의 자유분방함은 일상생활인 음식문화에서도 여지없이 드러난다. 한식은 차례대로 나오는 서양의 코스 요리와 달리 다양한 반찬들이 한꺼번에, 한 테이블에 차려져 나온다. 먹는 사람 입장에서 보면 반찬을 먹는 순서나 맛의 조합을 자기 마음대로 창조할수 있다. 남이 순서를 정해주는 것이 아니다. 누가 어떻게 먹느냐에 따라 맛이 달라진다. 자율적으로, 마음 가는 대로 이렇게 저렇게 입

백자 철화끈무늬 병(보물 제1060호)

속에 넣어 새로운 맛을 창조한다. 스스로 맛의 파격을 만들어낼 수도 있다. 특히 한식의 대표 격인 비빔밥은 그야말로 파격의 정수가 아닐 수 없다. 나물무침 하나하나를 정성 들여 만든 다음 큰 그릇에 통째로 들이부어서 '섞음의 미학'을 연출한다. 서양인들의 상식으로는 이해할 수 없는 대단한 파격이다.

자유분방함의 미학으로 우리 것을 새롭게 바라보자. 별 이유 없이 우리 것을 폄하하거나 부끄럽게 여길 이유가 없다. 한국인, 한국 문화가 가진 자유로움과 대담함에 눈을 뜬다면 우리 것에 대한 긍지가 더욱 높아질 것이다.

자유분방함은 4차 산업혁명 시대 골든키

이러한 자유분방함을 기업경영에도 적극적으로 활용해야 한다. 한마디로 우리의 끼를 유감없이 발휘해야 한다는 뜻이다. 자유분방함은 창의과 혁신에 있어 매우 중요한 요소다. 기업 현장에서 보면 한국인들은 프로세스와 매뉴얼을 참으로 싫어한다. 여러 가지 이유가 있겠지만 기본적으로 자유분방함의 DNA가 내재되어 있기 때문이 아닐까 싶다.

앞에서도 말했듯이, 필자가 경영 컨설팅을 위해 국내외 수많은 기업과 기관을 만나본 경험을 비춰 봐도 그렇다. 한국인들은 매뉴얼을 정말 싫어한다. 기업에서 업무 프로세스를 새롭게 구성해도 잘 따르지 않고 그대로 실행되지 않는 경우가 빈번하다. 왜 그럴까? 무엇인가에 얽매이는 것을 별로 좋아하지 않아서 그렇다. 그렇다고 프로세스나 매뉴얼이 무용하다고 생각해서 무시하거나 일부러 거부하는 것은 결코 아니다. 스스로 더 효율적인 방법을 찾아내고 그것이 더 낫다고 생각해 '자기만의 방법'대로 하는 것이다.

그간 경영관리의 최대 화두는 생산성, 효율성의 극대화였다. 그래서 품질을 높이고 불량률을 최소화하기 위한 식스시그마나 업무 효율성 제고를 위한 BPR(Business Proess Redesign), 표준화, 부품 공용화 등을 중시했다. 여전히 이러한 전략은 기업경영에서 중요하다. 하지만 앞으로는 좀 달라질 것이다. 이미 달라지고 있다. 4차 산업혁명 시대에는 구성원들이 자율성을 기반으로 얼마나 창의와 혁신을 일으키느냐에 집중해야 한다. 생산성, 효율성은 여전히 유효하지만, 그것을 뛰어넘어 창의와 혁신이 기업의 운명을 결정하는 핵심요소로 급부상했기 때문이다.

그렇다면 창의와 혁신은 자유분방함에서 나오고, 자유와 자율이 중요하다는 뜻인데, 전 세계에서 가장 자유분방하고 규칙에 얽매이는 것을 싫어하는 사람들이 누구인가? 바로 우리 한국인 아닌가? 우리는 창의와 혁신으로 미래를 만들어갈 준비가 이미 갖춰진 상태다. 이미 글로벌 혁신경쟁에서 매우 유리한 고지를 선점했다는 뜻이다.

다만 지금까지 우리가 누군지 모르고 있었기에, 자유분방함이 겉으로 드러나지 못했다. 자유분방함이라는 DNA를 꺼내어 수북이 쌓인 먼지만 닦아주면 된다. 이 먼지는 기업의 경영진이 나서서 닦아주고, 임직원 개개인도 내면에 잠들어 있는 자유분방함을 스스로 꺼내 보여야 한다. 이러한 한국인 특유의 자유롭고 대범한 특질은 우리를 미래의 글로벌 선두국가로 만들어줄 것이고, 해외 각국에서 이것을 배우고 벤치마킹하려는 시도가 끊이지 않을 것이다. 상상만 해도 가슴이 두근거리는 장면이다.

전 세계로부터 주목받고 있는 혁신기업 넷플릭스에는 '이것'이 없다고 한다. 이것이 무엇일까? 바로 '규칙'이다. 넷플릭스 CEO 리드 헤이스팅스가 저술한 책 제목도 《규칙 없음》이다. 넷플릭스를 최고의 혁신기업으로 만들어준 자유와 책임, 유연성이라는 조직문화는 지금 전 세계적으로 주목받고 있다. 이러한 선진기업 사례와 시사점을 배우기 위해 최고경영진들은 조찬세미나에 참가해가며 이른 아침부터 공부한다. 하지만 이미 구성원들에게 그러한 자유분방함의 DNA가 넘쳐나고 있다는 사실을 모르는 듯해 안타깝다.

중요한 것은, 타의 추종을 불허하는 한국인의 자유분방함을 어떻게 발현시킬 것인가다. 해외기업을 벤치마킹하는 것도 좋지만, 이미 우리가 가지고 있는 자유로움의 DNA를 어떻게 기업경영과 조직운영에 잘 녹여낼 것인가, 그것을 통해 어떻게 혁신을 극대화할 것인가를 고민하는 것이 먼저다. 우리는 네오테니의 최강자가 아닌가?

우뇌의 달인들은 '척 보면 삼천리,

독자 여러분은 좌뇌형 인간인가, 우뇌형 인간인가? 아주 간단한 실험을 통해 우뇌형인지, 좌뇌형인지를 구분하기도 한다. 첫 번째는 무의식적으로 팔짱을 껴보았을 때 왼팔이 바깥에 있으면 우뇌형이라고 볼 수 있다. 두 번째는 양손을 마주 잡고 깍지 꼈을 때 왼손 엄지손가락이 오른손 엄지 위에 있으면 우뇌형 인간으로 볼 수 있다. 지금 한번 해보자. 여러분은 우뇌형인가, 좌뇌형인가?

한국과 일본은 서로 다른 장점을 가지고 있는데, 일본은 좌뇌형에 가깝고 한국은 우뇌형에 가깝다. 그래서 한일 간에 어떤 이슈가 발생했을 때 일본은 논리적이고 정교하게 대응하는 듯 보이는 반면 우리나라는 감정이 앞서는 듯하다. 또 한국인은 앞서 언급했듯이 자유분방한 기질을 가지고 있어서 매뉴얼을 별로 좋아하지 않는다. 매뉴얼보다는 자기 마음대로 하는 것, 이것 역시 우뇌 기질이다. 반면 일본인은 매뉴얼에 따라 움직이는 것을 선호한다. 매사를 조심스럽게 처리하고, 규정이나 매뉴얼을 엄격하게 따른다. 물론이 말은 우뇌형이 좋고 좌뇌형이 나쁘다는 뜻이 아니다.

'매뉴얼을 따르지 않는다'는 것은 장단점이 있는데 긍정적 측면에서는 융통성, 유연함이 있다고 볼 수 있다. 업무를 신속하게 처리할 수 있고, 간혹 예기치 않게 의미 있는 결과를 도출하기도 한다. 자유분방한 기질을 나쁘게만 볼 것이 아니라, 어떻게 하면 우리의 우뇌 기질을 잘 가꾸고 활용해 갈지에 대해 고민해야 한다.

쓱 보고 전체 파악하는 감 잡기의 선수들

우뇌가 발달한 한국인의 특징과 장단점이 이미 우리 사회에 잘 녹아 있다. 어떻게 하면 이것의 긍정적인 측면을 극대화할 수 있을까? 물론 부정적인 측면은 개선해야 하겠지만 말이다.

인간의 뇌는 좌, 우 양반구로 이루어져 있고, 그 기능이 각기 다르다. 미국의 신경과학자 로저 스페리 교수는 뇌량 절단술을 받은 환자를 통해 좌우 두뇌의 기능 분화에 관한 연구를 했다. 노벨생리의학상을 수상하기도 했는데, 스페리 교수는 인지과학의 개척자로도 유명하다. 이후 많은 과학자들이 연구한 결과, 좌뇌는 주로 이성, 합리성 같은 논리적 측면을 담당하고, 우뇌는 감각, 직관 같은 감성적 측면을 담당하는 것으로 알려졌다.

한국인은 무슨 일이든 일단 감으로 하길 좋아한다. 즉흥적이고 감정이 풍부하며 정이 많다. 논리적으로 이치를 따지는 것보다는 흥을 발산하며 무아지경 속에서 놀고 마시고 노래 부르는 것을 좋아한다.

일상의 면면에서 그런 특성이 나타난다. 예를 들어 가끔 TV 토론 프로그램을 보면 논리적인 반박이나 합리적인 논거 제시보다는 '우기기'에 가까운 감정대립만 이어진다. 그러다 보니 이렇게 흥이 많고 감성이 풍부한 사람들끼리는 토론이라는 것 자체가 성립이 안 되는가 싶어 아쉬울 때도 있다.

또 가끔 미국드라마를 보면 매우 짜임새 있게 구성되어 보고 나면 "와우!" 하는 감탄이 나온다. 한 치의 빈틈도 없을 정도로 치밀한 논리 전개에 감탄하는 것이다. 반면 우리나라 드라마는 치밀한 구성보다는 느닷없고 뜬금없는 일들이 종종 벌어져 예상치 않은 감동과 웃음을 선사하기도 한다(신기한 것은 이렇게 살짝 허술한(?) 드라마들이 대중적으로 더 크게 성공한다는 것이다). 이런 것만 비교해봐도 서양은 좌뇌 기질이, 우리는 우뇌 기질이 곳곳에서 무심코 발현되는 듯하다.

한국인의 탁월한 우뇌는 양궁이나 골프 등의 스포츠에서도 유감 없이 발휘된다. 양궁선수들은 화살을 과녁 한가운데에 정확히 맞추기 위해서, 그리고 골프선수들은 공을 조그만 홀에 넣기 위해 피나는 훈련을 한다. 수많은 훈련법이 있을 것이고, 과학적 분석도 곁들여 선수들의 역량을 키우기 위해 애쓸 것이다. 그런데 전문가들은 이것이 과학으로만 되는 것이 아니라고 말한다. 과학을 뛰어넘는 그 무엇인가가 있지 않으면 과녁과 홀에 정확히 도달하지 않는다는 것이다. 그것이 바로 '감'이다. 직감이나 공간지각력 같은 한국인 특유의 뛰어난 우뇌 기질이 세계 최고의 양궁선수와 골프선수를 배출했다는 것이다.

실제로 미국 애리조나대학의 심리학자 댄 랜더즈 박사는 우수한 운동선수들이 우뇌를 어떻게 활용하는지 연구했다. 체조선수들이 고작 폭이 10cm밖에 안 되는 평균대 위에서 자유자재로 회전하고 몸을 두세 바퀴 돌려 사뿐히 착지하는 것이나, 탁구선수들이 100분의 1초 사이에 탁구공을 받아치는 것 등은 모두 우뇌가 발달한 사람들에게서 나오는 행동이라는 것이 랜더즈 박사의 연구결과다.

랜더즈 박사는 육상선수, 양궁선수, 농구선수들에게 전자장치를 부착해, 연습할 때 심박수, 호흡, 뇌파, 근육의 움직임 등을 분석했는데, 우수한 선수들은 시합 전에 좌뇌에 알파파가 나타난다는 공통점이 있다는 사실을 발견했다. 알파파는 수면 중에 나타나는 뇌파인데, 이는 논리적인 좌뇌가 시합을 앞두고 휴식을 취하는 것을 의미한다. 논리적이고 분석적인 좌뇌를 잠시 쉬게 하고, 직관적이고 감정적인 우뇌가 최선을 다할 수 있게 한다는 것이다.[6]

우뇌의 기질은 우리가 음식을 할 때도 여지없이 드러난다. 음식을 만들 때 서양에서는 레시피가 굉장히 자세하고 정확하다. 소금 몇 g, 오일 몇 cc 등이 정확하게 나온다. 그래서 그런지 크고 작은 단위의 계량도구도 발달했다. 반면 우리는 어떤가? 어머니께 "찌개에 소금 얼마나 넣을까요?" 하고 물으면 어머니들은 "두서너 숟가락 넣어."라고 하신다. 찻숟가락인지 밥숟가락인지도 알려주지 않는 데다, 더욱 황당한 것은 '두서너'다. 2스푼인지, 3스푼인지, 4스푼인지 알 수가 없다.

그럼에도 적당히(?) 간을 맞추면 최고로 맛있는 찌개가 만들어진다는 사실이 정말 놀랍지 않은가? 서양인들은 정확성, 합리성을 중시하다 보니 음식도 레시피 중심이다. 정확한 레시피는 누가 만들어도 같은 맛이 나도록 해준다. 반면 우리는 어떤가? 계량보다는 '감'에 의존해서, 레시피도 없이 만든다. 당연히 만드는 사람에 따라 맛이 다 다르다. 아이러니하게도 같은 요리라도 집집마다 맛이 다르고, 이 다른 맛은 '다양성'으로 꽃을 피운다. 우뇌형 인간들이 좋아할 수밖에 없다. 한국인들은 우뇌 활용의 최고봉이 아닐 수 없다.

우리는 "감 잡았냐?" 하는 표현을 자주 쓴다. 감! 이것은 좌뇌가 아니라 우뇌의 작용이다. 또 우리는 '척 보면 삼천리'라는 말도 쓰는데, 이 표현은 정말 '우뇌의 달인'인 한국인에게 딱 맞다. 가령 프랑스 루브르 박물관이나 영국 대영박물관을 1시간 만에 초스피드로 다 보고 나오는 사람들은 아마 지구상에 한국인이 유일할 것이다. 아주 짧은 일정으로도 여러 나라를 거뜬히 다 돌아보는 것 역시 한국인의 독특한 여행 습성이다(서양인들은 우리나라의 이런 패키지 여행 일정에 상당히 놀란다). 이것은 무엇인가를 세세하게 살피는 것보다는 그냥 쓱 이미지로 감상하고, 핵심만 초스피드로 딱딱 골라내어 파악할 수 있기에 가능한 것이다. 동물적인 감각으로 한눈에 쫙 꿰는 우뇌 기질에 빨리빨리 습성까지 더해져 폭발적인 시너지를 낸 결과라고 생각한다.

대강 쓱 보고도 그것이 무엇인지 아는 감각과 능력! 그것이 바로 '척 보면 삼천리'일 것이다. 우리는 모두 진정한 우뇌의 달인이자 신박한(?) 능력의 소유자들이다. 정말 한국인들 대단하다는 생각이 든다.

감성과 우연의 우뇌 발달은 창조의 원천

자, 그렇다면 우뇌 기질이 어디에서 빛을 발할까? 이것은 매우 중요한 문제다. 우리는 좌뇌의 논리나 필연보다 우뇌의 감성과 우연이 더 발달된 사람들이다. 그런데 우연은 '창조'의 원천이 될 수 있다.

주어진 레시피대로 요리를 하면 동일한 맛을 구현할 수 있다. 하지만 레시피를 뛰어넘는 창의와 혁신은 기대하기 어렵다. 레시피 대신 감으로 요리하면 어떨까? 우연의 요소가 들어가 예상치 못한 결과를 만들어낼 가능성이 커진다. 이는 기업경영도 마찬가지다. 효율성, 생산성을 신봉하던 과거와 달리 지금은 창조와 혁신이 중요해진 대전환기다. '우연'이라는 요소를 경영 현장에 얼마나 더 많이 놓아두느냐가 경영계의 중요한 화두가 되었다.

우뇌와 좌뇌에 관해서도 마찬가지다. 근대사회에서는 좌뇌의 압승이었다. 논리와 합리적 사고가 중요했고, 경영에서도 관리와 통제가 필수였다. 그러한 패러다임에서는 효율성, 생산성, 표준화가 중요한 목표였다.

그런데 4차 산업혁명 시대가 시작되고 모든 분야에서 디지털 트랜스포메이션이 이루어지면서 거대한 변화가 생겨나기 시작했다. 과거 아날로그 시대의 전통적 기업이 무너지기 시작하더니 새로운 유니콘 기업(기업가치가 1조 원을 넘는 스타트업 기업)들이 우후죽순 쏟아져 나오게 된 것이다.

인류 역사를 돌이켜보면 산업혁명을 계기로 기계가 인간의 육체노동을 대체했다. 그 후 인간의 새로운 역할이 대두되었고, 이 과정에서 논리적이고 이성적인 좌뇌를 기반으로 한 효율성과 생산성 제고가 성공적인 기업경영에 매우 중요해졌다. 하지만 4차 산업혁명으로 인공지능, 빅데이터 등의 신기술이 인간의 좌뇌를 대체하기 시작했다. 이제 '기계적 합리성'에 있어서는 인간이 컴퓨터를 이길 수 없게 된 것이다.

실제로 인공지능은 의료, 법조 등 다양한 분야에 매우 빠르게 침투하고 있다. 아무리 뛰어난 법조인이라도 세계 모든 나라의 모든 판례를 통째로 저장하고 있는 컴퓨터를 이길 수는 없다. 또 반복처리 업무 등은 이제 RPA(Robotic Process Automation)가 담당하게 되었다. 아무리 숙련된 직원이어도 RPA보다 업무를 빠르게 처리할 수는 없다. 이처럼 로봇이 많은 이들의 일자리를 빠르게 대체하고 있다.

육체노동에 이어 좌뇌의 기능마저 기계(컴퓨터)에 넘겨주게 된 지금, 인간에게 남은 유일한 부분이 바로 우뇌다. 또 4차 산업혁명 시대는 한 치 앞을 내다보기도 어려운 예측 불가의 환경이다. 뷰카 (VUCA, Volatility·Uncertainty·Complexity·Ambiguity의 약자) 시대라고도 부른다. 변동성, 불확실성, 복잡성, 모호성의 시대라는 뜻이다. 그만큼 새로운 기회와 위협이 어지럽게 뒤섞여 공존한다. 이러한 4차 산업혁명 시대에 대응하기 위해서는 창의와 혁신이 그 어느 때보다 중요하며, 창의와 혁신을 담당할 우뇌의 역할이 점점 커질 수밖에 없다.

이제 인간에게 남은 것은 창의의 심장인 '우뇌'뿐이다. 과거에는 늘 좌뇌에 밀렸지만, 마침내 화려한 우뇌의 시대가 열린 것이다. 그러나 우리는 지금까지 살아온 좌뇌의 시대에 여전히 익숙하다. 한국인에게 상대적으로 부족했던 좌뇌적 특성을 학습하기 위해 부단히 노력하기도 했다. 그러는 사이에 우리의 원초적이고도 강력한 우뇌적 특성을 잠시 잊은 것은 아닌가? 이제 잠자고 있는 우뇌적 특성을 흔들어 깨워야 한다.

한국인들은 스스로 창의적이지 못하다고 생각하는 경향이 있다. 그렇지 않다. 그동안 좌뇌 위주의 교육으로 우뇌적 특성을 지나치게 억눌러온 결과일 뿐이다. 우리 자신을 너무 모르고 하는 소리이고 그렇게 비하할 필요가 전혀 없다. 다시 우뇌 기질을 꺼내어 먼지를 털어내자. 흥과 끼, 자유롭고 독창적인 아이디어로 산업경제, 문화예술 등 다양한 분야에서 활약할 때가 왔다. 대한민국의 저력을 세계에 보여줄 시간이다.

좌뇌는 인지지능, 우뇌는 감성지능의 영역인데, 하버드대 심리학과 교수이자 세계적인 학자 대니얼 골먼은 감성지능을 이렇게 정의했다. "우리 자신의 감정과 다른 사람의 감정을 인식하고, 스스로에게 동기부여할 수 있으며, 타인과의 관계 속에서 감정을 잘 조절하는 능력." 감성지능은 자기감정인식, 자기감정절제, 자기동기부여, 타인감정인식, 사교성 등을 포함한다.

감성지능과 대비되는 것이 인지지능이다. 인지지능은 좌뇌와 연관성이 높은 반면 감성지능은 우뇌와 연관성이 높다. 앞으로 세상은 감성지능이 더욱 부각될 수밖에 없다. 이 중심에 우뇌의 역할이 있으니, 우뇌의 달인들인 우리가 정신을 바짝 차릴 때다. 우리의 시대가 오고 있기 때문이다.

앞서 이야기한 한국인의 문화유전자 '신명'이라는 긍정심리자본을 비롯해 자유분방함, 그리고 우뇌적 특징, 감성지능은 모두 인류의 미래에 꼭 필요하고 최근 들어 더욱 각광받고 있다. 경영학, 심리학에서 주목하고 있는 이러한 특질을 우리는 이미 수천 년간 지니고 살아왔다는 사실이 너무나 놀랍지 않은가? 우리의 오래된 전통 유전자가 인류의 미래다. 자, 우뇌의 달인 한국인들은 이제 감잡았으면 실천에 옮기자!

쇠젓가락, 세계를 들어 올리다

한국인은 손재주가 좋다는 말을 많이 들어보았을 것이다. 한국인은 왜 손재주가 좋을까? 이 놀라운 손재주는 어디에서 기인한 것일까? 가장 대표적인 요인 중 하나가 바로 젓가락이다. 매일 사용하는 젓가락에 무슨 비밀이 있을까?

물론 우리나라만 젓가락을 쓰는 것은 아니다. 중국, 일본 역시 젓가락 문화권이다. 그런데 차이점이 있다면, 중국의 콰이즈와 일본의 하시(흔히 말하는 '와리바시'는 일회용 나무젓가락이다)는 나무로 만든 반면 우리는 쇠로 만든 젓가락을 사용한다. 쇠젓가락과 나무젓가락 중 어느 쪽이 더 정교한 손놀림이 필요할까? 말할 것도 없이 쇠젓가락이다. 외국인들이 젓가락을 사용하는 모습만 봐도 알 수 있다. 아무래도 나무젓가락이 사용하기 더 쉽고 편하다. 하지만 우리는 그 어려운 쇠젓가락으로 콩자반 하나, 깻잎 한 장, 가느다란 멸치도 아무렇지 않게 잘 집어서 먹는다. 심지어 김치도 찢어 먹고, 미끌미끌한 해삼도 들어 옮긴다.

이처럼 정교한 한국인의 손재주는 우리가 인식하지 못한 채로 광범위하게 활용되고 있다. 우선 나노기술의 결정판인 '반도체 산업'에 고스란히 스며들어 경쟁우위 요소가 되었다. 대한민국은 명실상부 반도체 강국이 아닌가? 선현들과 후손들의 각고의 노력으로 얻은 매우 고귀하고 자랑스러운 합작품인 셈이다. 일찍이 삼성그룹의 이건희 회장 역시 우리가 반도체 강국이 된 이유 중 하나로 '젓가락 문화'를 들었다. 세계적인 미래학자 앨빈 토플러는 "젓가락질하는 민족이 21세기 정보화시대를 지배한다."고 말했다.

한국인의 '신의 손', 눈부시게 활약 중

의학, 바이오 산업 분야에서는 어떤가? 전 세계적으로 대한민국 외과의사들의 수술 기술은 외국인 의사들에게 경탄의 대상이다. 예를 들어 기존의 개복수술뿐만 아니라 단일공 복강경 수술(배꼽 옆한 군데만 2cm가량 절개하고 거기에 수술 도구를 넣어서 수술하는 것)에도 한국 의료진의 손놀림은 탁월하기로 정평이 나 있다. 또 새로운 기술을 습득하는 것도 매우 빠르다고 한다.

실제로 미국 복강경 수술의 권위자인 테네시 의대 악툴 마단 교수는 '한국 의료진이 복강경 수술에 뛰어난 것은 젓가락을 쓰기 때문'이라는 흥미로운 연구결과를 발표했다. 마단 교수는 수술과 전혀 상관없어 보이는 손동작들이 복강경 수술에 어떤 능력을 미치는지를 연구했다. 실제 복강경 수술 경험이 없는 1, 2학년 의대생 중에서 악기 연주, 타자 치기, 젓가락 사용, 바느질, 컴퓨터 게임 등에 능숙한 학생들을 가려냈고, 복강경 수술에 필요한 몇 가지 기술을 시험해본 결과 젓가락 사용만이 관련 있다는 것을 밝혀냈다.[7]

그뿐 아니다. 체세포 복제를 통한 배아줄기세포 배양에도 얼마나 빨리 난자의 핵을 빼내고 그 자리에 다른 체세포의 핵을 집어넣느냐가 실험을 성공시키는 데 매우 중요한 관건인데, 여기서도 유감없이 한국인들은 특유의 손놀림으로 '신(神)의 손'으로 극찬받았다.

젓가락으로 무언가를 집으려면 포크에 비해 2배가 넘는 50여 개의 근육과 30여 개의 관절을 동시에 움직여야 한다. 손 근육이 섬세하게 발달할 수밖에 없고, 세밀한 작업을 잘하는 손기술을 지니게 되는 것이다. 국제기능올림픽이 왜 한국의 독무대가 되었는지를 생각해보면 알 수 있다. 우리의 섬세한 손기술은 바로 어려서부터 훈련한 일상생활 속 '젓가락 식습관'에서 온 것이다.

그뿐 아니라 젓가락 사용은 대뇌의 성장발달을 촉진하고 두뇌쇠퇴를 예방하는 효과도 있다고 한다. 음식을 먹기 위한 도구인 젓가락을 통해 뇌와 근육까지 훈련할 수 있다니, 젓가락을 결코 우습게 봐서는 안 된다. 선현의 지혜가 놀랍지 않은가? 우리나라 사람들은 미끄러운 도토리묵도 쇠젓가락으로 집어 옮기는데, 이것은 외국인이 볼 때 거의 곡예에 가까운 동작이다. 신나게 대화를 해가면서 무의식적으로 도토리묵을 정교하게 집어올리는 한국인의 손기술은 정말 대단하다.

우리의 자랑스런 젓가락 문화는 미래 성장동력 확대와 산업 경쟁력 제고에도 일등공신 역할을 할 것이다. 젓가락 문화야말로 우리의 소프트파워 경쟁력이 아닐 수 없다. 아울러 이러한 젓가락 문화를 지구촌 사람들이 함께 공유하며, 특히 서양사람들에게 "젓가락을 사용하는 사람=앞선 문명을 아는 교양 있는 사람"으로 포지셔닝 되도록 하면 어떨까? 이는 한식의 세계화와도 연관된다. 젓가락의 세계화도 가능하다. 다양한 소재와 디자인을 개발해 세계적인 유행이 되도록 하는 것이다. 고가의 명품 젓가락이나 유명 아티스트와 컬레버레이션한 한정판 젓가락도 탄생할 수 있다.

그런 의미에서 한 가지 제안하고 싶은 것은 바로 젓가락 데이다. 대한민국에서 11월 11일이 무슨 날인지 모르는 사람은 거의 없다. 모두 '빼빼로 데이'라고 한다. 하지만 초콜릿 과자도 좋지만 '젓가락의 날'로 정하면 어떨까? 우리의 소중한 젓가락 문화를 되새기며 젓가락과 관련된 축제도 벌이고 행사도 하는 것이다. 물론 빼빼로도 지금처럼 즐겁게 소비하면서 말이다.

필자가 존경하는 초대 문화부 장관 이어령 교수는 젓가락에 "짝의 문화, 정의 문화, 나눔과 배려의 문화"가 함축되어 있다고 강조했다. 쇠젓가락을 사용함으로써 한국인은 뇌가 더욱 발달하고 '신의 손'도 가지게 되었지만, 어쩌면 더 중요한 것은 젓가락을 통해 서로 나누고 배려하는 정의 문화를 꽃피웠다는 것 아닐까?

극과 극의 용광로, 극단의 한국인

한국인은 참으로 오묘한 민족이 아닐 수 없을 정도다. 매일 매 순간 정말 변화무쌍하다. 그러한 한국인을 이해할 때 기억해야 할 단어 중 하나는 '극단(極端)'이다. 우리는 극단의 공존 속에서 눈부신 역사를 일구어낸 사람들이다. 그렇다면 극단이 공존한다는 게 무슨 뜻일까? 그리고 왜 그 점에 주목해야 할까?

한국인은 일할 때 정말 부지런하다. 근면, 성실함에 있어서는 세계 최고 수준이다. 부지런하고 머리 좋은 이스라엘 사람을 게으른 사람으로 만드는 유일한 국가가 바로 우리 대한민국이다. 그만큼 근면하고 성실하다.

그렇다고 우리가 밤낮없이 일만 할까? 전혀 그렇지 않다. 놀 때도 정말 부지런하다. 일할 때 못지않게 놀 때도 끝장을 봐야 후련하다. 앞에서도 말했듯이 한국인은 여흥, 가무, 노는 것에 있어서는 그 어느 민족에 뒤지지 않는다.

한국인은 어정쩡한 것을 싫어한다. 먹는 것만 봐도 뜨거운 것은 더 뜨겁게, 찬 것은 더 차게 즐긴다. 가령 '시원한 물'도 찬물에 얼음을 넣어 아주 차갑게 먹는다. 얼음물 정도는 되어야 시원한 물을 마신 것 같은 느낌이 든다. 맥주, 소주도 상온에 둔 미지근한 것은 별로 안 좋아한다. 심지어 음식점에서 소주를 시키면 냉동실에서 살짝 얼린 것을 가져다준다. 반면 중국 사람들은 얼음물이나 차가운 맥주를 잘 마시지 않는다. 중국에 가본 사람들은 경험해보았을 것이다. 우리가 보기에는 미지근한 것인데 시원한 것이라고 해 당혹스러울 때도 있다.

또 뜨끈뜨끈한 국물을 먹으면서도 우리나라 사람들은 '시원하다'라고 표현한다. 그래서 외국인들이나 어린아이들은 "왜 뜨거운 것을 먹으면서 시원하다고 하죠?" 하고 궁금한 표정으로 물어보곤 한다. 뜨거운데 시원한 이 느낌을, 우리만 아는 이것을 여러분은 뭐라고 설명할 것인가?

강대국은 'ㅇㅇ놈', 작은 나라는 'ㅇㅇ사람'

한국에 15년간 외신기자로 활동한 마이클 브린은 저서 《한국인을 말한다》에서 한국인은 기(氣)가 세계 최고 수준이라고 평했다. 한편으로는 공손하고 겸손하며 유순하지만, 다른 한편으로는 엄청나게 기가 세다는 것이다.

　마이클 브린은 한국의 독립운동사를 예로 들며 한국인이야말로 세계에서 가장 기가 강한 민족이라고 설명했다. 난징대학살을 포함해 일제에 의해 희생당한 중국인이 3,200만 명에 육박했지만, 중국인이 일본 고위층을 암살한 경우는 거의 전무했다고 한다. 반면 한국인이 일본 고위관료와 장성 등을 암살한 시도와 그 성공횟수는 세계가 감탄할 정도다. 안중근 의사는 하얼빈역에서 이토 히로부미를 살해했고, 이봉창 의사는 일왕에게 폭탄을 던졌으며, 윤봉길 의사는 폭탄을 던져 고위장성 10여 명을 살상했다. 중국은 광활한 대륙, 끝없는 사막, 드넓은 고원을 언급하며 스스로를 대인(大人)이라 부르지만 천만의 말씀이다. 사실상 결정적인 순간에는 한국인보다 기가 약했다.

　마이클 브린은 또 한 가지 특이한 점을 지적했다. 한국인은 강대국 사람을 무의식적으로 얕잡아보는 경향이 있다는 것이다. 강대국 사람은 '미국놈', '일본놈', '중국놈'이라고 부르고, 그렇지 않은 나라 사람들은 '놈'이 아닌 '사람'을 붙이는 것이다. 예를 들어 '미얀마 사람', '아프가니스탄 사람' 등으로 부르는 것처럼 말이다. 참으로 희한하지 않은가? 강한 자에게는 꼭 '놈' 자를 붙이니 말이다.

　또 일본 국민을 대상으로 한 여론조사에서 일본 사람들은 한국인에 대해 '기가 세다'라고 인식하는 것으로 조사되었다. 2010년에 KBS와 NHK가 공동으로 실시한 '한일 국민의식조사'의 결과였는데, 한국인은 일본인이 친절하다(40.1%), 근면하다(38.4%)고 생각하는 반면, 일본인은 한국인이 기가 세다(27.6%), 감정적이다(27.1%)라고 생각한다고 나타났다.

이처럼 한국인은 유순한 듯하면서도 기가 세니, 그야말로 극과 극의 모습을 가진 셈이다. 또 기가 센 민족이다 보니 일상생활 속에서 "기죽지 마!" 같은 표현을 자주 쓸 정도로 기가 꺾이는 것을 경계하고 싫어한다. 아무리 상대가 강해도 지는 것을 매우 싫어하는 것이다.

그뿐 아니다. 있는 힘을 다해 무언가를 할 때 "기를 쓴다."고 한다. 깜짝 놀라 정신을 잃었을 때 "기절했다."고 하고, 어이가 없을 때는 "기가 찬다."고 표현한다. 일상과 생활 곳곳에 '기'와 관련된 다양한 표현이 넘쳐난다. 몸과 마음의 원동력이자 만물소생의 근원인 기는 한국인에게 매우 소중하고 특별하게 인지되고 있음을 알 수 있다.

뚝배기와 냄비의 역동적 공존

한국의 빨리빨리 문화는 전 세계적으로도 유명하다. 대부분의 외국인이 한국에서 살면서 가장 먼저 배우는 것이 빨리빨리 문화라고 한다. 좋든 싫든 처음에는 충격과 감탄의 연속이지만, 어느 순간 익숙해지고 나면 나중에 고국에 돌아갔을 때 답답함을 호소하는 경우가 많다고 한다. 음식배달은 물론이고 이사를 하면 그날 바로 가스, 인터넷, 전화 설치가 완료된다. 가전제품도 정말 빠르게 배송해주고 설치해준다. 택배, 새벽배송 등 일상생활이 '빨리빨리' 그 자체다. 걸음도 빠르고, 심지어 밥을 먹거나 술을 마시는 것도 빠르다. 회사에서도 업무를 빨리빨리 처리하는 것은 한국인의 독보적 특성이다.

한국인의 이러한 역동적인 특성은 어디서부터 온 걸까? 우리 선현들은 어떠했을까? 《삼국지》〈위서〉'동이전' 고구려전에는 "그 나라 사람들은 성질이 급하여 걷기를 마치 뛰듯이 한다."고 나온다. 또한 《고려도경》에는 "길을 갈 때는 달리기를 좋아하고, 서 있을 때는 허리 뒤로 양손을 끼는 자가 많다."고 나온다.

빨리빨리 문화는 한국 경제발전의 원동력이 된 요소이기도 하다. '빨리빨리'가 항상 좋은 결과를 가져온 것은 아니지만, 한국인이 지닌 중요한 기질 중 하나인 것은 틀림없다. 그리고 긍정적인 효과를 창출한 측면도 있다. 물론 그렇다고 해서 한국인에게 진득한 면이 없는 것은 아니다.

예를 들면 중국 왕조의 존속 기간을 보면 한나라 200여 년(진시황의 진나라 존속기간은 기원전 221년부터 206년까지로 15년이었다), 수나라 30여 년, 당·송·명·청은 300여 년 정도였다(그런데 사실상 청나라는 만주족이, 원나라는 몽골족이 세운 나라로 한족이 세운 나라가 아니다). 반면 우리는 신라가 1,000년, 고려가 400여 년, 조선이 500여 년으로 그 기간이 매우 길다.

그뿐 아니라 기록에 있어 세계 최고 수준이다. 《조선왕조실록》과 《승정원일기》는 모두 500여 년의 역사를 기록한 기록물이다. 게다가 고조선 시대의 다뉴세문경, 신라의 석굴암, 백제의 금동대향로, 고려 팔만대장경 등은 그 섬세함과 정교함이 은근과 끈기 없이는 도저히 만들어질 수 없는 세계적인 수준이다.

숨 쉬는 그릇인 뚝배기는 은근과 끈기의 전형적인 모습을 보여준다. 뚝배기는 음식물을 끓일 때 서서히 뜨거워지지만 일단 한번 달궈지면 쉽게 식지 않는다. 냄비와는 완전히 다른 속성을 지닌다. 김치나 된장, 고추장 같은 발효식품은 어떤가? 그야말로 참을성과 기다림의 미학이 아닌가? 이처럼 우리 내면에는 '빨리빨리'와 '은근과 끈기'가 공존한다.

종교활동에도 한국에서는 극과 극이 어우러진다. 종교활동에 굉장히 열성적인 신도도 많지만, 한편으로 자신의 종교와 상관없이 전통과 융합된 형태의 종교활동에도 너그러운 모습이 많다. 예를 들어 불교 신자가 절에 가서 대웅전에 들른 후 산신각에 가는 것이 전혀 어색하지 않다. 산신각은 우리나라 사찰 특유의 전각으로 산신을 봉안하는 곳이다. 한국 불교의 토착화 과정을 보여주는 좋은 증거라고 한다.

또 기독교인도 주일에 교회에 가면서도 가끔 재미 삼아 점을 보러 다니는 것이 별로 이상해 보이지 않는다. 한국 사회에는 다양한 종교가 분쟁하기보다는 오손도손 잘 지낸다. 기독교, 불교, 천주교 등 다양한 종교가 평화롭게 공존하는 사회다.

융합과 창의의 용광로가 되다

한국인의 극과 극의 기질은 이외에도 다양한 분야에서 나타난다. 참으로 오묘하다고 볼 수밖에 없다. 역동적이고 화끈하게 극과 극이 공존하는 융합과 창의의 용광로인 셈이다. 때문에 한국인의 한쪽 면만 보고 판단하면 안 된다. 예를 들어 외국인이 한국인의 냄비근성만 보고 매우 부정적인 인식을 가질 수 있는데, 이는 한국인들도 우리 자신을 바라볼 때 매우 주의해야 하는 대목이다. 오히려 한국인의 단면만을 보고 부정적으로 생각하는 외국인에게 "한국인은 극과 극의 기질을 동시에 가지고 있다."는 점을 잘 설명을 해주어야 한다.

우리가 스스로가 '극단적인 특징'을 잘 몰라서 "한국인은 냄비근성이 문제야!"라든지 "이래서 한국은 안 돼." 하고 외국인에게 맞장구쳐주거나, 스스로를 비하해서는 안 될 것이다. 한국인이 지닌 극과 극의 속성을 잘 이해하고, 오히려 우리가 지닌 그러한 특징이 잘 발휘되도록 하는 것이 중요하다. 물론 고쳐나가야 할 요소는 시급히 개선하면서 말이다.

한국인이 지닌 '극과 극'의 기질을 잘 활용하면 4차 산업혁명 시대에 독특한 장점이 될 수 있다. 우리 고유의 창조 DNA를 꺼낼 커다란 기회이자 축복이다. 융합과 통섭, 파괴적 혁신이 요구되는 4차 산업혁명 시대에 꼭 필요한 요소이기 때문이다. 4차 산업혁명의 선두주자가 되기 위해서 우리 안에 내재한 '극과 극'의 끼를 잘 꺼내어 활용해야 한다.

　한국인의 극단의 유전자는 새로운 정보와 기술을 가장 빨리 흐르게 만들고, 파격적인 융합과 통섭도 마다하지 않는다. 4차 산업 혁명을 선도하기에 딱 안성맞춤인 성품이다. 이러한 유전자를 인정하고 깨울 때 한국인은 극과 극의 용광로 속에서 그 어느 국가보다도 더 역동적으로 활활 타오를 것이다.

한국인의 정신세계를 망치고, 한국인에게서 얼과 혼(魂)을 앗아간 것이 무엇일까? 서양 사대주의, 중국 중화사상, 일제 식민사관, 이 3대 축이 내면으로 스며들어 피해의식, 열등감, 그리고 패자의 식을 키웠다. 먹물 한 방울처럼 우리의 정신을 지배한 문화 사대주의가 우리의 전통과 정신, 문화 전체를 훼손하고 경시하도록 만들지는 않았는가? 한국인의 자부심과 자긍심까지 갉아먹는 듯해 서 마음이 무겁다.

2

얼과 혼을 잃어버린 한국인

내 안에 꿈틀거리는 미국인?

우리는 서양 사대주의, 중국의 중화사상, 일본 식민사관의 3대 축으로 정신이 무장(?)되어 있다. 일종의 '문화 사대주의'다. 그래서 그런지 한국인만의 고유한 혼과 얼이 들어갈 틈이 없다. 이는 피해 의식, 열등감, 그리고 패자의식을 키우면서 자신도 모르는 사이에 우리를 '얼빠진 민족'으로 만든다.

　얼은 '정신의 줏대'다. 그런데 우리의 정신의 줏대에 언제부터인가 미국, 중국, 일본의 사상이 진하게 스며들었다. 어떤 의도를 가지고 그렇게 된 것은 아니지만, 일상적으로 자연스럽게 받아들이게 되면서 문화 사대주의는 우리 삶 속에 침투했다. 그래서 인식을 못한다. 너무 자연스럽게 이미 정신세계에 들어와 있기에 더 무서운 일이다.

먼저 문화 사대주의의 정의부터 살펴보자. 사전적 정의로는 '다른 사회권의 문화가 자신이 속한 문화보다 우월하다고 믿고 무비판적으로 그것을 동경하거나 숭상하며, 자신의 문화에 대해서는 업신여기고 낮게 평가하는 태도나 주의'를 말한다. 알게 모르게 우리의 안팎을 뒤덮고 있는 문화 사대주의에 대해 알아보자.

그런데 이야기를 이어가기 전에 한 가지 명확히 해두어야 할 것이 있다. 미국, 중국, 일본 모두 대한민국이 함께 손잡고 나아가야 하는 매우 중요한 이웃 국가들이다. 더불어 그 누구를 폄하하고자 하는 것이 아니고, 특정 국가를 배척, 배격하려는 것은 더더욱 아니다. 서양을 비롯한 다른 국가의 문화, 문물을 비교해서 누가 더 잘났다 못났다를 평가하려는 목적도 아니다. 우리 자신을 똑바로 바라보는 계기가 되길 바라는 마음으로 쓴 것임을 이해해주길 바란다.

요즘 한국에서 한국어는 KO참패 중

전 세계에서 미국을 이렇게 사랑하는 국가가 또 있을까 싶을 정도로 한국인은 미국을 좋아하고 선망한다. 극단적으로 표현하면 미국인이 되고 싶어 한다. 가끔 '얼마나 우리 것이 싫으면 저럴까' 싶을 정도다. 그 정도로 심각하게 미국을 사랑하는 듯하고, 뼛속까지 스며든 미국 사랑에서 쉽게 헤어나오지 못하는 듯하다. 왜 이렇게 미국에 대한 사대주의가 깊어졌을까?

가령 또박또박 한글로 이야기하는 것보다 영어를 섞어 써야 '있어 보이는' 듯하다. 그렇다고 필자가 영어를 비하하는 것이 전혀 아니다. 영어를 잘할 필요가 없다는 뜻도 아니다. 오히려 영어를 아주 잘해야 한다고 생각한다.

도시의 간판들은 영어투성이다. 불필요한 영어 남발은 일상 속 신문, 방송에도 그대로 투영되고 있다. 예를 들어 여러분은 '필리버스터(filibuster)'가 무슨 뜻인지 아는가? 이처럼 이해하기도 힘든 영어단어들이 우리나라 신문 1면 제목으로 툭툭 튀어나온다(이해하지 말라는 의미인가?). 필리버스터는 의회에서 다수파의 독주 등을 막기 위해 합법적 수단으로 의사 진행을 지연시키는 무제한 토론을 뜻하는 말이다. 그뿐 아니다. 드라마, 예능 등 방송 프로그램은 물론이고 행사명, 제품명에도 온통 영어가 대세다. 공급자와 수요자(고객) 모두가 영어로 써야 더 있어 보인다고 생각하기 때문이다.

왜 우리나라에서는 영어가 한글보다 우위에 서게 되었을까? 다시 말하지만 영어를 잘하지 말자는 뜻이 아니라, 왜 한글이 (아무 잘못도 없이) 천시받는가를 이야기하는 것이다. 만약 언어들끼리 링 위에서 서로 겨루는 경기가 있다면 요즘 한국에서 한국어는 KO참패 중이다. 세종대왕님 앞에서 고개를 들 수가 없다. 일제가 우리의 정신을 말살시키기 위해 제일 먼저 한 것이 바로 창씨개명(일본식 성명 강요)과 일본어를 사용하도록 하는 것 아니었는가? 언어와 정신이 얼마나 깊이 연관되어 있는지를 꼭 기억해야 한다.

영어 사용에 있어서 매우 특이한 것 중의 하나는 영어로 자기 이름을 말하는 것이다. 영어로 자기소개를 할 때 여러분은 어떻게 하는가? 이름이 홍길동이면 우리는 바로 "My Name is Gil-dong Hong(길동 홍)."이라고 한다. 일반적으로 이렇게 소개하는 것이 익숙하고 당연하다고 생각할 것이다. 그렇게 배우기도 했고 말이다. "뭐가 이상하다는 거지?" 하고 반문하는 독자도 있을 것이다.

그런데 여기서 우리가 한 가지 생각해볼 것이 있다. 한국어는 영어와 달리 성이 먼저, 이름이 나중에 표기되는 형태다. 영어는 반대로 이름이 먼저, 그리고 성이 나중에 나온다. 국제관계에 있어서 표기나 발음 등은 그 나라 고유의 형식을 존중한다. 따라서 외국 영자신문에 혹은 국제행사에서 참석자, 수상자를 소개할 때도 Ban Ki-moon(반기문 전 UN사무총장), Bong Joon-ho(봉준호 감독)로 표기한다.

그러면 외국인이 한글로 본인 소개할 때 어떻게 하는가? 예를 들어 버락 오바마 전 대통령은 한국어로 자기소개를 할 때 "저는 버락 오바마입니다."라고 할 것이다. 이것이 우리에게도 당연하게 들린다. 버락 오바마 전 대통령이 한국어 순서에 따라 "저는 오바마 버락입니다."라고 소개한다면 이상하지 않겠는가? 물론 그렇게 하지도 않겠지만, 외국인이 그렇게 자기 이름을 밝히면 여러분도 이상하다고 느낄 것이다. 대한민국 방송이나 신문기사에도 한글로 '버락 오바마'라고 표기한다.

그러면 홍길동이라는 사람이 영어로 본인 소개를 할 때는 한국어 표기법 순서에 따라 "My name is Hong Gil-dong."이라고 해야 하지 않을까?. 그런데 왜 우리는 "My name is Gil-dong Hong."이 당연하게 느껴지는 것일까? 왜 아직도 이러한 잘못된 순서가 일반적으로 사용될까? 심지어 "My name is Hong Gil-dong."이라고 소개를 하면 옆에 있는 한국인들은 홍길동을 향해 약간의 핀잔과 경시의 눈초리로 '저 사람은 영어를 제대로 모르나 봐' 하는 경우도 있다. 단편적인 사례지만, 우리가 우리 고유의 형식을 존중하지 않아서 생겨난 혼동이 아닐까?

이렇게 우리는 무의식적으로 미국인이 되어 가고 있다. 의복도 마찬가지다. 지금 여러분이 입고 있는 옷은 철저히 서양식 옷이다. 우리나라 대통령도 명절을 제외하고 한복을 입는 모습은 보기 어렵다. 해외에서 개최되는 정상회의에서는 물론이고 우리나라에서 주최하는 정상회의, 국제회의에서도 대통령이 한복을 입지 않는다.

일반인들은 말할 것도 없다. 그러면서 외국인들에게 한복을 입어보라고 한다. 참으로 이상하지 않은가? 우리는 입지 않으면서 외국인에게 입어보라고 하는 행태가 말이다. 외국인들이 한복을 입어보는 체험은 참으로 이색적인 경험이라 적극적으로 찬성이다. 경복궁, 광화문 주변에 한복을 입고 돌아다니는 외국인들의 모습을 보면 필자 역시 그렇게 흐뭇할 수가 없다. 그러나 우리 스스로가 먼저 한복을 자랑스럽게 여기고 생활 속에서도 한복사랑을 실천할 때, 외국인이 경험하는 한복의 자태도 더욱 아름다울 것이고 한복의 우수성 역시 더욱 격상할 것이다. 우리는 안 하면서 타인에게 하라고 하는 것 자체가 어딘지 이상하지 않은가?

실제로 유명 한복 디자이너인 이혜순 씨가 한복을 입고 어느 특급 호텔을 찾았다가 복장 규정에 맞지 않는다며 입장을 저지당했던 사건이 있었다. "한복은 위험하고, 다른 손님들에게 불편을 줄 수 있어서 한복을 입은 손님은 받지 않는 것이 호텔의 규칙"이라고 직원이 설명했다는 것이다. 이후 비판여론이 확산하자 호텔 측은 "직원들의 실수로 벌어진 일이었다."며 시정조치를 약속하고 임직원 명의의 사과문도 냈다고 한다.[1]

SNS에 자랑하고픈 사진은?

음식의 경우를 보자. 여러분은 근사한 날 또는 기념하고 싶은 날에 어디서 식사를 하고 싶은가? 떠오르는 곳 대부분은 우아한 분위기의 프렌치 레스토랑이나 오마카세(손님이 요리사에게 메뉴선택을 맡기고 요리사는 가장 신선한 식재료로 제철요리를 만들어내는 것) 일식당 등일 것이다. 그리고 그곳에서 파는 메뉴는 비싸도 괜찮다는 생각이 자리 잡혀 있고, 다소 가격이 높더라도 기꺼이 즐기면서 기쁜 마음으로 지불하는 경향이 있다. 그리고 가격이 더 비싼 메뉴가 있으면 더욱더 호기심과 관심을 갖는다. 사진을 찍고 인스타그램, 페이스북에 뿌듯한 마음으로 올리며 자랑도 많이 한다.

반면에 우리의 한식은 어떠한가? 행여라도 한식당(고급 한식당 및 일반식당)에서 한식이 높은 가격으로 책정되어 있으면, 맛과 질은 차치하고 일단 "한식이 왜 이렇게 비싸?" 하는 반응이다. 한식의 KO참패다. 물론 일반 한식당도 변화하려는 노력이 반드시 필요하겠지만, 양식이나 일식에 비해 가격저항이 상당히 심하다는 점은 곰곰이 생각해볼 필요가 있다.

인스타그램에 한번 들어가보자. 유명 인플루언서나 여러분 지인들의 피드에 올라오는 음식사진 중에 양식이 많은가, 한식이 많은가? 자랑용 SNS 사진은 주로 근사한 레스토랑에서 스테이크, 파스타를 먹는 모습이나, 고급 일식당, 중식당에서 찍은 것이 대부분이다. 여러분도 고급스러운 레스토랑에서 가족, 지인들과 음식을 먹기 전에 혹은 와인 잔을 부딪칠 때 사진을 찍지 않는가? 그런데 유난히 한식당에서 찍은 사진들은 음식보다는 모인 사람들에 초점이 맞추어진 듯하다. 필자만 그렇게 느끼는 걸까? 물론 모인 사람들의 정겨운 모습을 담은 사진이 나쁘다는 말이 아니다.

그런데 내로라하는 5성급 호텔에서조차 '한식 레스토랑'을 찾아보기가 힘들다. 실제로 과거에 있었던 한식당들도 많이 철수한 상태다. 대한민국 호텔에 있는 한식당 중 미슐랭 3스타(요리가 매우 훌륭해 특별한 여행을 떠날 가치가 있는 레스토랑)를 받은 곳은, 2021년 기준으로 신라호텔의 한식당 '라연'이 유일하다. 또한 호텔 한식당이 아닌 곳으로 미슐랭 3스타인 곳은 서울 강남의 한식 다이닝 '가온'뿐이다.

미슐랭가이드는 프랑스 타이어 회사 미슐랭(영어식 발음은 미쉐린)에서 전 세계 최고의 레스토랑을 찾아 별점(3개가 최고점이다)을 주는 것으로, 100년 역사의 전통을 자랑한다. 레스토랑 입장에서는 거기에 선정되었다는 그 자체가 레스토랑의 품위와 격을 높여주는 것이기에 매우 큰 영광인 셈이다. 우리나라 한식당 중에도 미슐랭 스타를 받은 곳이 몇 곳 있는데, 양식당에 비해 덜 알려진 것 같다.

왜 우리 땅에서 이렇게 한식이 외면받는 것일까? 우리가 스스로

'한식'을 경시하면서 어떻게 '한식의 세계화'를 외칠 수 있을까? 우리도 사랑하지 않는 한식을(그렇다고 우리가 한식을 싫어한다는 뜻은 아니다) 외국인들에게 사랑해달라고 말할 수 있을까? 이는 모순일 수밖에 없다. 우리가 진정으로 한식을 사랑하고 가꿀 때, 비로소 한식의 세계화를 외칠 자격이 생기고, 그러한 마음이 한식을 즐기고 좋아하는 전 세계인의 마음에도 전해질 것이다.

전 세계가 하나의 마을처럼 가까워진 시대에, 선진문물을 받아들이고 흡수하고 동화하는 것은 더없이 중요하다. 그런데 우리의 것이 얼마나 귀중하고 뛰어난지를 우리 자신이 잘 모르거나 오히려 경시하는 태도는 문제가 있다. 이는 깊이 생각해볼 문제다. 우리 것만 최고라고 주장하는 것도 문제지만, 최소한 우리 것을 객관적으로 바라보려는 노력은 해야 하지 않을까?

그중에서도 특히 언어, 음식, 의복은 한 나라의 문화를 구성하는 매우 중요한 요소들이다. 그런데 이러한 중요 요소들에 이미 문화사대주의가 너무 깊이 뿌리 내려져 있다. 그래서 그런지 한국에는 한국인이 아닌 미국인(실제로는 한국인)들이 사는 듯한 묘하고 이상한 느낌을 지울 수 없다.

문화 사대주의에 빠져들다

2월 14일이 무슨 날인가? 대부분은 고민 없이 "밸런타인데이!"라고 답할 것이다. 해마다 2월이 되면 백화점부터 동네 편의점까지 온통 초콜릿 천지다. 도대체 밸런타인데이는 언제부터 시작되었을까? 언제부터 이처럼 우리의 삶과 일상에 깊숙이 들어온 것일까?

참고로 밸런타인데이는 성인인 발렌티누스의 축일인 2월 14일을 기념하는 날이다. 3세기 로마 시대에는 황제의 허락 없이 결혼을 할 수 없었는데, 발렌티누스는 황제의 허락을 받지 않고 사랑하는 연인을 결혼시켜준 죄로 순교했다. 이후 발렌티누스의 축일에 사랑하는 사람에게 선물이나 카드를 주며 기념하게 되었다고 한다. 그런데 실제로 사람들은 그러한 의미보다는 연인과 예쁘고 비싼 초콜릿을 주고받는 데만 온통 집중하는 듯하다.

그뿐 아니다. 최근 매년 10월 31일에는 거리마다 유령, 괴물 분장의 진풍경이 벌어진다. 바로 핼러윈데이여서 그렇다. 이것은 본래 켈트족의 풍습이었으나 1840년대 아일랜드 대기근으로 100만명의 아일랜드인이 미국으로 이주하면서 북미에 전파되었다고 한다. 지금은 미국을 대표하는 축제로 자리 잡았다. 그런데 언제부터인가 우리나라에서도 10월만 되면 백화점부터 동네 문방구까지 분장용 소품부터 호박 장식, 사탕 등 핼러윈 파티용품들이 불티나게 팔린다.

미국에서는 커다란 호박에 눈, 코, 입을 파서 잭오랜턴(Jack-O'-Lantern)을 만들고, 동네 이웃집을 돌아다니면서 "과자 안 주면 장난칠 거야!"라는 의미의 '트릭 오어 트릿(Trick or Treat)' 놀이를 한다. 그런데 이것이 어느샌가 우리나라에서도 귀신 분장을 하고 밤새워 노는 파티문화로 자리 잡았다(핼러윈 분장을 재미있다고 생각하는 사람도 있지만, 필자는 약간 무서운 느낌이다).

칠월칠석은 구리고 핼러윈은 힙하다?

그런데 우리에게도 전통적인 '연인의 날'이 있지 않은가? 대표적으로는 칠월칠석이 있다. 7월 7일인데, 이것이 음력인지 양력인지도 모르는 사람이 많다(음력 7월 7일이다). 어쩌면 사회적으로 별 관심이 없기에 잘 모를 수도 있는데, 견우와 직녀 이야기는 들어보았을 것이다. 옥황상제의 노여움을 산 견우와 직녀는 은하수 동쪽과

덕흥리 벽화고분 견우직녀도

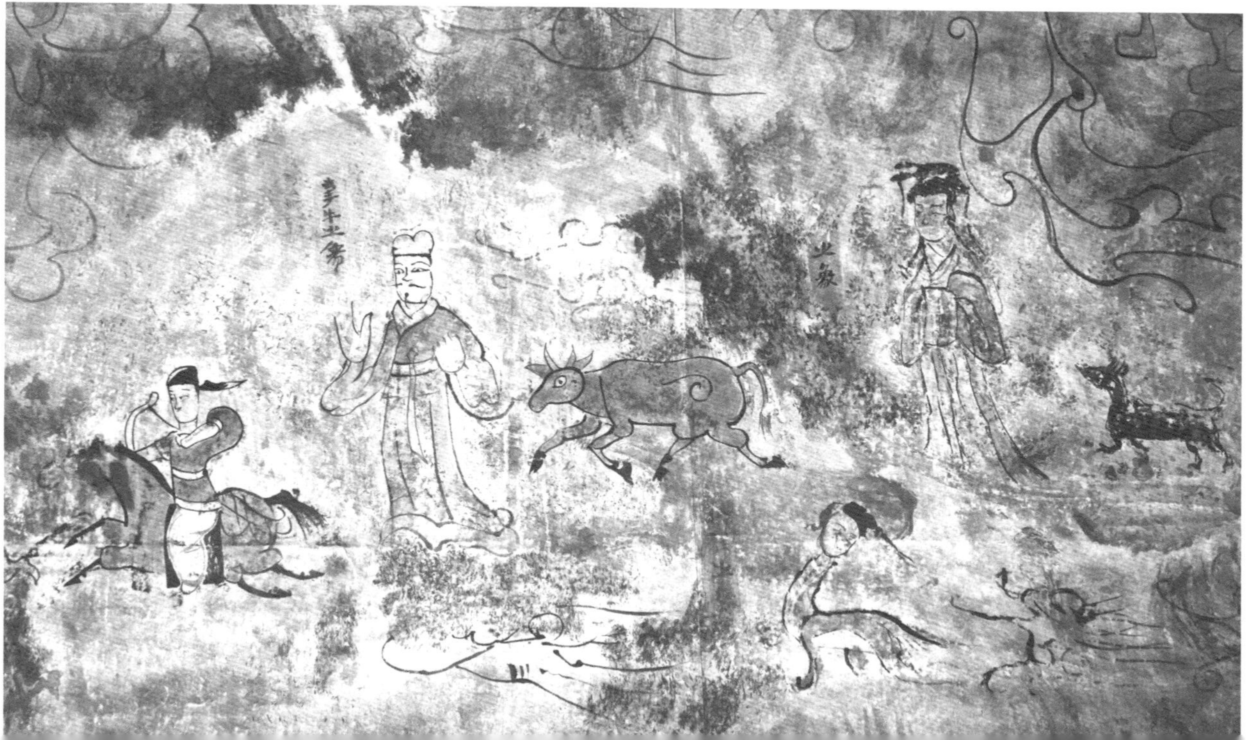

서쪽으로 갈라지게 되었고, 이를 안타깝게 여긴 까치와 까마귀가 매년 칠월칠석에 날개를 펴서 다리(오작교)를 놓아주었다. 1년에 딱 한 번 견우와 직녀가 만나는 날이 바로 칠석이다.

그런데, 여기서 우리가 주목할 것이 있다. 핼러윈데이를 모른다고 하면 왠지 교양 없어 보이고, 트렌드를 모르는 사람처럼 여겨지는 듯하다. 소위 '서양물'을 안 먹어 본 사람 취급당한다. 반대로 칠월칠석을 챙기면 왠지 시대에 뒤떨어진 사람 같고, 구닥다리 같은 느낌을 준다. 참으로 기이한 현상이 아닌가? 결국 우리의 칠월칠석은 온데간데없이 사라질 수밖에 없고, 서양의 핼러윈데이를 즐기는 사람이 "내가 좀 세련되고 힙(hip)하지." 하는 다소 우쭐한 생각을 갖게 만든다.

필자가 강조하고 싶은 것은 어느 쪽이 더 좋고 나쁘다는 것이 아니다. 남녀노소 할 것 없이 칠월칠석도 즐기면서, 서양의 밸런타인데이, 핼러윈데이를 즐긴다면 더 없이 좋을 텐데, 한국인들이 오히려 우리의 것을 경시하고 무시하면서 서양의 기념일만 잘 챙긴다는 것이 이상하기도 하고 바람직하지도 않다는 것이다. 우리가 우리 것을 경시하면 누가 우리의 전통과 고유한 정신, 문화를 아끼고 사랑하겠는가? 게다가 우리가 진정으로 축하하고 기뻐해야 할 광복절, 개천절 같은 국경일은 그저 달력에 빨간 날 하루 정도로 전락해버린 듯하다. 이것은 심각한 문화 종속이 아닐까?

다시 말하지만, 밸런타인데이, 핼러윈파티가 나쁘다는 게 아니다. 우리의 얼과 정신이 깃든 우리의 명절, 기념일도 그 소중한 의미를 되새기고, 널리 알리며 즐기자는 것이다. 또한 우리 명절이나 기념일도 외국인에게 알리고 함께 나눌 때 우리의 국격은 더욱 올라간다. 우리의 정신이 깃들어 있는 우리 명절을 되돌아보고 그 의미를 깊이 새겨야 할 것이다.

즉흥성의 살풀이춤 vs. 정확성의 발레

2017년에 국립부산국악원과 프랑스 카린 사포르타 무용단의 '지젤의 슬픔 또는 꽃 의식'이라는 낯선 제목의 공연이 열렸다. 이 작업을 제안한 사람은 프랑스 안무가 카린 사포르타인데, 그녀는 30년간 일본, 중국, 인도, 베트남 등 아시아권의 다양한 국가들과 춤을 통한 국제교류 활동을 해왔다고 한다.

그녀는 2014년에 한국의 살풀이를 처음 접했다. 살풀이춤에 대한 그녀의 반응은 어떠했을까? 그녀는 한 언론 인터뷰에서 살풀이 공연을 보고 소름이 끼쳤다고 말했다. '기억하는 한 가장 강렬한 감정이 일어났다'고 하면서, 당시에는 살풀이에 대해 아는 바가 없었지만 춤사위, 구음, 연주만으로도 감정이 반응했다고 설명했다. 또 그녀는 한국에서 다양한 춤을 보았지만 살풀이만은 다르다고 평했다. 걷는 모습에서조차 내면에서 나오는 슬픔이 느껴졌다는 것이다. 살풀이에서 느낀 슬픔이 우리 '한(恨)의 정서'라는 것을 알게 되었다고 한다.

그뿐 아니다. 매년 7월 프랑스 아비뇽에서 열리는 공연예술축제 아비뇽 페스티벌 관계자는 우리나라 이매방 명인의 살풀이춤을 보고 "사람이 어떻게 춤을 저렇게 잘 출 수 있느냐."면서 놀라움을 금치 못했다고 한다. 참고로 우리나라 살풀이춤은 이매방류, 한영숙류 등이 있다.

이쯤 되면 살풀이춤이 무엇인지 궁금할 것이다. 그런데 우리는 대부분 이매방 명인의 이름이나 살풀이춤이라는 명칭은 들어보았지만, 제대로 감상해본 적은 거의 없다. 제대로 본 적도 없지만 일단 '고리타분하다', '재미없다', '채널 돌려' 같은 말이 먼저 떠오른다. 따분하다고 생각하는 것이다. 살풀이만이 아니다. 국악 소리가 들리면 벌써 지겨워진다. 라디오에서 채널 FM 99.1MHz가 국악방송인데 일반인들에게는 낯설기만 하다. 그런 방송도 있느냐고 되묻기도 한다.

반면 발레는 어떤가? 발레는 누구나 알고, 공연에 가본 사람도 꽤 있을 것이다. 그리고 발레라고 하면 '우아하다', '아름답다', '예술적이다' 같은 이미지가 떠오른다. 주로 찬사와 동경이다. 발레 공연을 보고 나오면 꼭 SNS에 자랑한다. "나 이런 공연 보는 격조 있는 사람이야!" 하고 얘기하고 싶은 것이다. 살풀이춤 공연을 보고 왔다고 SNS에 사진을 올리는 사람은 별로 못 본 것 같다.

이러한 현상에 대해 누구를 탓하려는 게 아니다. 당연히 뭐가 더 좋고 나쁘다는 이야기도 아니다. 우리가 우리 것의 가치를 제대로 알지 못하고 이해하지 못해서 그런 것일 뿐이다. 살풀이춤 공연을 어떻게 봐야 하는지 몰라서, 아직 준비가 안 되어서 직면한 안타까운 현실이다.

발레도 그렇겠지만, 살풀이춤도 관전 포인트(?)를 알면 훨씬 재미있다. 발레는 발레만의, 살풀이춤은 살풀이춤만의 맛과 정서, 그 고유의 가치가 있다. 알아야 보이고, 봐야 느껴진다.

설명을 덧붙이자면, 살풀이춤을 비롯한 한국춤은 어깨를 들썩이며, 너울거리고, 출렁거리는 동작이 많다. 이러한 동작으로 신명을 내어 망아경 속에서 춤을 추는 것을 최고로 친다. 망아경에 빠져 자신의 내면을 표현하는 데 주력하기 때문에, 외부에 비추어지는 것이 상대적으로 덜 중시된다. 내면의 신명에 빠져서 몸이 이끄는 대로 자연스럽게 움직이다 보면 무아지경 속에서 자신도 모르는 매우 즉흥적인 몸짓과 동작이 나온다. 이 살풀이춤에는 한국인 특유의 기질과 미학, 철학이 고스란히 들어 있다. 참으로 멋스럽다.

반면 발레는 직선적이고 기하학적인 우아함을 바탕으로 내면의 아름다움보다는 외적인 아름다움과 정해져 있는 동작에 대해 극도의 정확성을 구현한다. 즉흥성보다는 잘 짜인 구성과 외적인 아름다움을 구현하는 데 상대적으로 더 초점이 맞추어졌다.

우리 춤에서 느껴지는 자유분방함이 바로 이 '즉흥성' 때문이다. 내면을 표현하는 것에 초점을 맞추기에 외부적으로 비추어지는 것에 별 관심을 갖지 않는다. 살풀이춤의 '살'은 죽은 자의 원(怨)이나 한(恨), 산자의 액(厄)을 포괄하는 것이다. 즉, 산 자와 죽은 자를 위로하고 고통 속에서 벗어나게 해주는 것이다. 그들과 혼연일체가 되어야 하기에 철저히 내면에 초점을 맞춘다.

이화여대 한국학과 최준식 교수는 우리 춤은 땅 지향적이라면 발레는 하늘 지향적이라고 해석했다. 두 춤의 스텝을 비교해보면 알 수 있는데, 발레는 발끝으로 서지만, 우리 춤은 발뒤꿈치로 선다는 것이다. 왜냐하면 발레는 기독교에서 가장 중시하는 신(하늘)을 신체적으로 표현했기 때문이다. 하늘을 향해 더 가까이 가려고 발끝으로 서고, 때로는 남자무용수가 여자무용수를 번쩍 들어 올리기도 한다는 것이다.[2]

이처럼 우리 춤과 서양의 춤이 서로 다른 특성이 있는데 이것을 서양의 잣대로만 보는 것이 문제다. 우리 춤이 엉성하고, 볼품없고, 투박하게 보일 수밖에 없다. 그렇다고 국수적인 태도로 우리 것이 무작정 좋다는 게 아니고, 각각의 가치와 지향점을 구분해 보는 눈이 필요하다는 뜻이다.

세계적인 소프라노 조수미, 프리마돈나 강수진, 피아니스트 조성진은 압도적인 기량으로 전 세계인을 감동시킨 우리 예술가들이다. 특히 조수미 성악가는 20대 시절 첫 음반을 낼 때, 당시 영국에서 가장 큰 음반사와 계약하면서 우리 가곡 '보리밭'을 앨범에 꼭 넣어달라는 조건을 걸었다고 한다. 세계 무대에서 활약하면서도 한국인으로서의 정체성을 소중히 지켜온 자랑스러운 대한인이 아닐 수 없다.

이제껏 우리는 우리 것을 무시하고 거들떠볼 생각조차 하지 않은 것 아닐까? 반성해볼 일이다. 우리의 머릿속에 문화 사대주의가 가득 찬 현실을 직시하고, 정신을 똑바로 차릴 필요가 있다. 이제 살풀이춤을 감상할 준비가 되었는가? 뭔가 예전과 다른 느낌이 드는가? 우리의 선현들이 이룩해놓은 고차원적 내면의 미학을 마음껏 즐겨보자. 물론 발레는 발레대로 즐기면서 말이다.

우리가 만든 판에서 놀자

〈네이처〉, 〈사이언스〉 등은 세계적인 학술지다. 이 학술지에 논문이 등재된다는 것은 이공계 연구자, 대학교수에게 최고의 영예 중 하나다. 결코 쉬운 일이 아니므로 정말 박수받고 존경받을 만한 큰 성과와 업적을 이룩한 것이다. 그런데 왜 우리나라에는 그런 학술지가 없을까? 왜 우리는 남이 만들어놓은 판에서 플레이어(player) 역할만 할까? 여기서 '남'은 '서양'이고, '판'은 유명 학술지이며, '플레이어'는 논문을 쓴 연구자다.

대한민국은 GDP(국내총생산) 대비 연구개발비 비율이 전 세계 최고 수준이다. 그리고 현재 대한민국 경제를 뒷받침하는 산업들은 대부분 연구개발이 엄청나게 중요한 산업들이다. 더군다나 경제 규모로 세계 10위권, 우수한 과학기술 인재들이 모여 있는 곳이 바로 이 땅 대한민국이 아닌가. 때문에 훌륭한 과학자, 기술자들이 세계적인 저널에 연구결과물을 등재하는 쾌거를 이루는 것이기도 하다.

그렇다면 이제 이 단계를 넘어서서 바로 우리가 세계적인 저널을 보유하는 국가로 도약해야 하지 않을까? 〈네이처〉나 〈사이언스〉 같은 세계적인 한국발(發) 저널을 우리도 보유하도록 하는 것이다. 기술 자립화와 더불어 저널 자립화다. 일종의 '연구주권' 회복의 기치를 높이 들고 하나씩 준비해보면 어떨까? 자칫 나중에 우리가 중국 저널에 우리의 세계적인 연구 논문을 실어야 하는 날이 오지 않도록 미리 준비하자는 뜻이다.

유수의 학술지에 한국 과학자들의 논문이 더 많이 실리는 것과 동시에 새로운 판(우리가 만든 세계적인 저널)을 만들어가는 작업을 당장 시작해야 한다. 연구주권 회복과 저널 사대주의를 극복하는 유일한 길이다.

뼛속까지 스며든 중독, 왜독

2017년 4월에 개최되었던 미국 트럼프 대통령과 중국 시진핑 주석의 정상회담에서 트럼프 대통령이 이런 말을 했다.[3]

"한국은 중국의 일부였다(Korea actually used to be part of China)."

한국인이라면 누구나 경악했을 것이다. 필자 역시 너무나 큰 충격을 받았다. 한국이 마치 중국의 속국이었던 것처럼 묘사되었는데, 이 뉴스를 보고 필자는 자다가도 벌떡 일어나 가슴을 치고 싶을 만큼 답답했다.

그런데 트럼프 대통령을 탓하기에 앞서서, 우리가 먼저 반성하고 다시는 이러한 일이 벌어지지 않도록 해야 하지 않을까? 정말 부끄럽고 어처구니없지만 21세기 국제사회에서 버젓이 일어나고 있는 일이다. 우리의 일상생활에 스며든 중화사상, 중화대국에 대한 이야기를 해보자.

'있어 보이는' 효과는 어디서 나오나?

축사를 해야 하는 자리나 신년회에서 그리고 언론보도에서 우리가 일상적으로 접하는 것이 하나 있다. 다름 아닌 중국 고사성어다. 《삼국지》를 비롯해 여러 중국 고서에서 나오는 고사성어를 쓰면 '한마디' 해야 하는 자리에서 굉장히 '있어 보이는' 효과를 낸다(이 것을 뜻하는 신조어 '있어빌리티'라는 말도 생겨났다).

"《삼국지》에 보면 말이야…"라든가 "항우와 유방의 대결에서…", 《논어》에 말이야" 등의 표현이다. 아무래도 젊은 세대보다 중장년 이상인 분들에게 더 심한 것 같다. 그래서 중국 고사성어(문구)를 애써 찾아보는 수고도 마다하지 않는다. 혹시라도 그런 자리에서 고사성어의 뜻을 모르기라도 하면 위축되는 느낌까지 든다.

앞에서도 여러 번 강조했지만 중국 고사성어를 쓰는 것이 나쁘다는 뜻이 아니다. 고사성어든 서양 속담이든 다양한 문화를 접하고 누리며, 삶을 더욱 풍성하게 하는 것은 오히려 바람직한 일이다. 그런데 여기서 생각해보아야 할 것은 우리 인문고전과 중국 인문고전 중에서 우리나라 사람들은 어느 쪽 책을 더 많이 보느냐는 것이다. 독자 여러분은 우리 고서를 몇 권이나 읽어보았는가?

솔직히 말하면 필자 역시 학교를 졸업할 때까지만 해도 우리 고서를 볼 기회가 별로 없었다. 우리나라 인문고전으로는 《삼국유사》, 《삼국사기》, 《성호사설》, 《목민심서》, 《징비록》, 《백범일지》, 《택리지》, 《동경대전》, 《한국통사》, 《북학의》, 《조선상고사》 등이 있다. 국사 교과서에서 제목만 열심히 외웠지 내용을 다 읽어본 책은 별로 없을 것이다. 반면 중국 인문고전인 《논어》, 《도덕경》, 《중용》, 《한비자》, 《사기》, 《맹자》, 《중용》, 《대학》 등은 어떤가? 다 읽어보지는 못 했더라도 어느 쪽에 더 익숙한가?

인문고전에는 천년의 지혜가 담겨 있다. 그래서 읽을 때마다 다른 맛이 느껴지고, 읽으면 읽을수록 정신에 보약을 주는 효과가 있다. 서양고전을 비롯해 중국고전도 당연히 읽어야 하지만, 우리나라 고전도 서양고전이나 중국고전만큼 읽어야 하지 않을까? 그런 사회적인 분위기도 조성이 되어야 할 것이다.

우리 것은 우리 것대로, 중국 것은 중국 것대로 각각의 귀함을 알고 익혀야 한다. 또 중요한 자리에서 한마디 할 때 쓰는 문구 또한 우리 고전에서도 찾고 중국고전에서도 찾아 고루고루 사용한다면 얼마나 좋을까? 자꾸 중국고전의 내용을 차용하려는 것 역시 우리 내면에 숨어 있는 대국 중화사상의 한 단면이 아닐까 싶다.

자금성과 경복궁은 근본 철학부터 다르다

또 다른 예를 들어보자. 중국의 자금성과 우리의 경복궁과 비교하면서 경복궁이 초라하고 보잘것없다고 생각한다. 심지어 어떤 이는 "경복궁은 자금성의 뒷간밖에 안 된다."는 망언을 하기도 했다. 이러한 자기비하는 사대주의적 열등의식이라고 볼 수밖에 없다. 외국인 중에서 자금성과 경복궁을 비교하면서 경복궁을 보잘 것없다고 느끼는 사람이 있을까? 여러분은 외국에 가서 남의 나라 문화제를 함부로 비교하고 비하하는가? 아마 그런 사람은 없을 것이다. 자금성은 자금성대로, 경복궁은 경복궁대로 서로 다른 느낌을 주기 때문이다. 그런데 왜 유독 일부 한국인들은 자금성과 경복궁을 비교하면서 열등의식을 표출하는 것일까?

필자는 이것 역시 조선왕조 시대로부터 내려온, 좋지 않은 정신적 유산이라고 생각한다. 가장 심각한 것은, 우리의 경복궁이 왜 이렇게 지어져 있는지 관심조차 없다는 점이다. 이로 인한 무지와 편견이 열등의식을 낳았을 수도 있으리라. 경복궁에 대해 왜 제대로 알아보려고 하지 않고 편견을 갖는가? 왜 알지도 못하면서 우리 것을 애써 무시하고 경시하는가? 쓸데없이 한국인의 긍지와 자부심을 깎아내리는 마음가짐은 대체 어디서 시작된 것일까?

경복궁은 1395년에 완공되었으며, 자금성은 1420년에 지어졌다. 창건 시기만 봐도 자금성을 모방해서 지은 것이 전혀 아니다. 크기에 있어서 경복궁은 자금성의 60% 수준이므로 굳이 크기 비교를 하자면 일반적으로 생각하는 것처럼 그렇게 엄청나게 작은 것도 사실이 아니다. 심리적인 요소가 작용해 작은 것처럼 느껴졌을 뿐이다.

그보다 중요한 것은 자금성과 경복궁은 근본적으로 건축 철학이 다르다는 점이다. 경복궁은 우리나라의 다른 전통 건축과 마찬가지로 자연과의 조화를 매우 중시하는 건축물이다. 주변의 경관을 주인공으로 담는 차경(借景)의 미학을 지니고 있다.

'차경'은 '창틀 너머로 보는 자연풍광'을 뜻하는 말인데, 건축물을 지을 때 건축물 자체는 물론이거니와 자연경관을 종합적으로 고려한다는 의미를 지녔다. 필자는 '차경'이라는 단어를 들으면 가슴이 늘 설렌다. 건축물을 지을 때 '자연의 경치를 빌려온다'는 생각이 너무 멋있고 아름답지 않은가? 자연을 훼손하기보다는 자연을 빌려온다니, 우리 선현의 건축 미학과 자연과의 합일정신에 고개가 절로 숙여진다. 그야말로 개방과 조화의 정신이 돋보이는 것이다.

또 경복궁에는 백성들에게 피해를 주면서까지 무리하게 크게 짓지 않으려는 애민정신도 포함되어 있다. 작더라도 예술적 가치를 높이는 데 노력을 기울였다는 점이 중요하다. 그러니 경복궁의 사이즈가 크다 작다를 따질 것이 아니라 "와! 우리 선현은 어떻게 이렇게 지혜로운가?" 하고 감탄을 해야 하지 않을까?

반면 자금성은 위엄과 장대함, 외부와의 차단이 그 특징이다. 따라서 건축 철학부터 이렇게 다른 두 성을 가지고 단순히 크기를 비교한다는 것 자체가 매우 안타까운 일이다. 중국에 대한 대국 사대주의 사상이 우리 스스로가 인지하지 못한 채, 우리의 의지와 무관하게, 마음속에 깊숙이 스며들었음을 증명하는 것이기도 하다. 이러한 생각을 경계해야 한다. 경복궁은 경복궁대로, 자금성은 자금성대로 각각의 멋과 운치를 느껴야 한다는 뜻이다.

중화사상은 멀리 있지 않다. 바로 우리 일상생활 속에 존재한다.

나도 모르게 우리의 얼과 혼을 빼앗아가지만, 그러한 사실조차 모를 수 있다는 것을 명심하고 경계해야 한다. 이러다가는 정말 얼빠진 민족이 되어버릴 수도 있다.

서울 지하철역 중에 '동묘역'이 있다.《삼국지》의 주인공 관우의 위패를 모시고 제사를 지내는 곳이라고 해서 이름이 동묘다. 동묘의 정식명칭은 동관왕묘(東關王廟)로 보물 142호이기도 하다. 그런데 왜 '단군역'은 없을까?

우리 정신을 말살한 일제 식민교육

일제는 우리의 혼과 정신을 말살하기 위해 '조선사편수회'를 조직하여 대대적인 작업을 했다. 총 35권, 2만 4,000쪽에 이르는 방대한 조선사를 편찬한 것이다. 그리고 20여만 권에 달하는 우리의 귀중한 상고사를 비롯한 사서들을 불태웠다. 우리의 역사와 정신을 없애는 엄청난 일이 벌어진 것이다. 이는 우리가 두고두고 뼈저린 아픔을 느낄 수밖에 없는 비극이다. 우리는 수많은 순국선열과 애국지사들의 희생과 헌신으로 주권을 회복했지만, 일제가 심어놓은 식민사관의 잔재가 여전히 대한민국 사회에 남아 있다. 이것이야말로 무어라 형언할 수 없는 큰 슬픔이고 후손인 우리가 반드시 뿌리 뽑아 없애야 할 시대의 아픔이다.

일제가 발행한《조선사편수회 사업개요》문서에 이런 내용이 들어있다고 한다.[4] "조선사 편찬사업은 총독부 역대 수뇌들이 가장 심혈을 기울였던 사업이다. (…) 그들이 자신의 역사, 전통을 알지 못하게 하라. 그들 조상의 무능, 무의, 악행을 들추고 과장해 조선의 후손에게 가르쳐라."

또 조선총독 사이토 마코토는 조선사 편찬을 독려하며 이렇게 말했다고 한다. "조선의 청소년들은 자국의 모든 인물, 역사에 대해 반드시 실망과 허무감에 빠지게 될 것이다." 마찬가지로 조선총독부의 마지막 총독으로 알려진 아베 노부유키의 발언으로 추정되는 다음의 말은 더욱 무섭다. "우리 일본은 조선민에게 총과 대포보다 무서운 식민교육을 심어놓았다. 장담하건대 조선민이 제정신을 차리고 위대했던 옛 조선의 영광을 되찾으려면 100년이라는 세월이 훨씬 더 걸릴 것이다. 그리고 나는 돌아올 것이다."

일제가 우리의 정신을 말살시키려고 얼마나 애를 썼는지를 알수 있는 단면이 아닐까? 그런데 더욱 충격적인 것이 있다. 지금 대한민국 사회의 모습이 일제가 노렸던 모습, 계획한 그대로가 아닌가? 소스라치게 놀랄 만한 내용들이 교차된다. 헬조선이라는 비하, 우리 문화와 정신, 전통에 대한 무시, 자긍심 없는 모습, 서로를 헐뜯고 비방하는 사회현상들이 스쳐 지나간다.

본래 한국인의 성품은 그렇지 않다. 우리는 지금 일제가 그토록 원했던 대로 살아주고 있는 것이 아닐까? 이런 생각이 들 때면 필자는 소름이 쫙 돈다. 어쩌면 일본 제국주의자들은 하늘에서 현재의 한국인들이 사는 모습을 보면서 교활한 미소를 짓고 있지 않을까?

일제에 의해 만들어진 '조선사'는 고조선, 고구려, 삼국, 고려는

30%일 뿐이고 조선시대가 무려 70%다. 조선왕조 500년의 유구한 역사에서의 찬란함보다는 당쟁과 분열 같은 부정적인 면이 부각되도록 했다. 우리 스스로 역사에 대한 자긍심을 버리고, 창피함과 수치심을 갖게끔 일제가 심혈을 기울여 만든 것이다. 우리는 우리 의지와 무관하게 '일제가 심혈을 기울여 만든 엉터리 역사책'대로 살아가고 있는 것이 아닐까? 조심스레 되돌아볼 필요가 있다.

실제로 여전히 우리 교육현장에서는 광활한 대륙을 휘저은 2,000년의 고조선 시대를 제대로 배우지도 않고, 대륙을 활보한 고구려 시대도 별로 비중 있게 배우지 않는다. 그리고 우리 역사에 있어서 가슴 아픈 조선말, 대한제국, 일제식민지, 6·25전쟁 등은 처참하기 짝이 없었고, 너무나 많은 희생을 겪은, 가슴이 미어지는 시기다. 자랑스러운 역사도 우리 역사요, 가슴 아픈 역사도 우리의 역사일 텐데, 우리는 이러한 내용에 대해서 객관적으로 배우고 익히고 이를 통해 대한민국의 웅대한 미래를 설계해 나아갈 필요가 있다.

일제가 그토록 원했던 대립과 분열, 자기비하

지금 대한민국 사회의 '대립과 분열'은 누가 심어놓은 것인가? 바로 일제가 아닌가? 다시 한번 강조하지만 우리의 반목과 질시, 그리고 자기비하가 모두 일제가 그토록 원하고 바랐던 것들이다. 우리는 지금 우리가 어떻게 살아가고 있는지 처절하게 반성해야 한다. 일본제품 불매운동 같은 차원을 뛰어넘어야 한다. 외형적으로 일본제품을 사용하면 '친일'이고, 그렇지 않으면 '반일'인가? 그렇게 간단한 문제가 아니다. 진짜 일본을 이기고 싶다면 '물질'이 아니라 '정신'으로 이겨야 한다. 일제가 파고든 것은 '정신말살'이었다.

이제 일제의 '정신말살'을 극복하느냐, 못 하느냐는 철저히 우리 자신에게 달려 있다. 우리는 일제의 정신말살, 즉 식민사관에서 벗어나야 한다. 그리고 필자는 반일(反日)의 차원을 넘어서 반드시 극일(克日)을 해야 한다고 생각한다. 일본보다 훨씬 잘살고 부강하며 행복한 나라가 되어야 한다. 국제사회에서 일본이 한국을 어려워하고 두려워하게 될 때 진정한 극일이 되는 것이다. 이것은 스포츠경기 한일전에서 이기면 속이 후련한 차원을 훨씬 뛰어넘는 것이다. 아마도 모든 면에서 일본에 지고 싶지 않은 것은 비단 필자만이 아니라 온 국민의 마음일 것이다.

그런데 우리가 일본제품 불매운동을 하거나, 국내에서 일본제품 매출이 대폭 하락했다는 기사를 보며 기뻐할 때, 일본은 국제사회에서의 입지를 지속적으로 강화해 가고 있다. 일본의 사사카와 재단은 미국의 싱크탱크를 지원하면서 막강한 로비력을 행사한다. 일본 사사카와 재단이 어떤 곳인가? A급 전범인 사사카와 료이치가 세운 재단이다. 2021년 2월에 '위안부=매춘부'라고 주장한 하버드대 램지어 교수 같은 사람이 언제 어디서 또 튀어나올지 알 수 없다. 진정으로 일본을 앞지르기 위해서는 우리가 반일감정을 뛰어넘어 냉철하고 전략적인 접근을 해야 한다고 생각한다. 한일관계에서도 감정적으로 받아들이거나 욱하는 성질(한국인의 우뇌 기질)이 발현되어서는 안 된다.

빌리 브란트 서독 총리가 폴란드 바르샤바의 전쟁 희생자 비석 앞에서 무릎 꿇고 사죄했던 것처럼 일본 총리가 진심 어린 사과를 하길 기대한다. 그러나 요구만 한다고 해결되는 문제가 아니다. 우리가 이야기하지 않아도 그들이 자발적으로 그렇게 하게끔 만들어야 한다. 그들이 자발적으로 사과하게 하는 방법은, 반일감정만 앞세우는 것이 아니다. 한국인 스스로가 똘똘 뭉쳐 세계적인 경제부국이 되고 존경받는 국가로 거듭나는 수밖에 없다. 극일전략만이 일본에 대해 아름다운 복수가 아닐까? 이것이 진정 일본을 이기는 길이고, 우리가 식민사관에서 벗어나는 길이다.

역사적으로 보면 과거 우리는 일본보다 훨씬 앞서가는 유구한 역사를 지닌 나라였다. 그뿐 아니라 고대로부터 여러 면에서 한 수 위인 화려한 국가였다. 이 이야기는 뒤에서 다시 하겠다.

우리 역사도 벤치마킹 하자

정부든 기업이든 미래혁신 정책 또는 경영전략을 수립할 때 현황 진단과 더불어 중요하게 분석하는 것이, 바로 '벤치마킹'이다. 벤치마킹은 다른 기업, 다른 국가의 사례를 면밀하게 분석한 후, 기업의 경영전략이나 국가정책, 제도 등을 수립하는 것을 말한다. 그런데 벤치마킹의 대상은 고민할 여지도 없이 해외 선진국이나 해외기업이고, 주로 미국이나 서유럽의 사례다. 물론 미국이나 유럽의 사례 분석을 통한 시사점을 가져오는 것은 매우 의미 있는 일이고 이것 자체를 부정적으로 보는 것은 전혀 아니다.

한국 기업들은 해외 선진국(예를 들면 미국)이 어떤 것을 도입했다고 하면 "역시 미국은 달라. 과연 선진국이야!" 하면서 치켜세우고 칭송한다. 그리고 그 제도와 내용을 똑같이 들여온다. 그런데 종종 도입의 취지 자체는 좋았으나 운영이 제대로 되지 않아 실패하는 경우가 있다.

대한민국 '청문회'를 떠올리면 필자가 이야기하는 것이 무슨 뜻인지 이해가 쉽게 될 것이다. 청문회 자체의 취지는 좋다. 하지만 우리나라 청문회를 보면 '저걸 왜 하나' 싶은 경우가 있다. 청문회의 목적과 본질은 사라지고 어느새 꼬투리 잡기, 언성 높이기만 남아 보는 사람이 다 창피하고 화가 난다.

만년 후발기업의 특징, 경영 사대주의

다른 사례도 있다. 필자의 경영전략 컨설팅 경험이다. 한 국내 대기업의 신사업 추진팀이 신사업을 검토하면서 A사업이 매력적이라고 경영진에 보고하면, 경영진은 이러한 질문을 한다. "A사업이 그렇게 매력적이면 왜 선진국 동종기업들이 그걸 안 하고 있을까?" 또는 "왜 옆 동네(국내 동종업체)는 안 할까? 분명히 무슨 이유가 있으니까 안 했겠지?" 한다. 그러면서 A사업에 대한 좀 더 깊이 있는 조사와 분석을 주문하거나 아니면 그냥 포기하고 진입하지 않는다.

그러면 필자는 거꾸로 질문하고 싶다. 동종 해외 선진기업이 시작해야만 본인들도 따라 하겠다는 것인가? 그런 자세로 어떻게 1등 기업이 될 수 있을까? 만년 후발기업으로 남기로 아예 작정을 한 것인가? 참으로 여러 가지 생각이 든다. 긍정적으로 생각하면 더 조심스럽게 돌다리도 두드려본다는 차원이겠거니 하고 넘어간다.

　A사업을 하느냐 마느냐 정할 때 시장의 매력성과 자사의 경쟁력 등에 기반한 판단이 아니라 해외기업이 하는지 안 하는지에 더 의존하는 모습 같다. 자신보다 남을 더 믿는다면 이것을 어떻게 해석해야 하는가? 그렇게 자기 기업에 자신이 없는가? 이는 정말 후진적 발상, 후발주자의 발상이 아닐 수 없다. 해외 선진기업은 늘 자신들보다 앞서 있을 거라는 생각에 늘 따라 하는 것만 익숙해서 그렇다. 경우에 따라 후발주자로 뒤쫓아 가는 것이 더 효율적이고 효과적일 때도 있다. 그러나 언제까지 후발주자로 머물 것인가? 선도기업이 되면 벤치마킹할 대상이 없어지기에 늘 새로운 길을 개척하며 만들어가야 한다. 이미 우리 기업들도 훌륭한데 왜 해외 기업이 더 나을 거라는 생각을 뿌리 뽑지 못하는 것일까? 해외 기업이 모든 면에서 항상 옳고 우수할 수는 없다. 4차 산업혁명 시대에는 더더욱 그렇다. 이것이야말로 많은 기업과 조직에 뿌리 박힌 경영 사대주의다.

역사의 교훈이 미래의 무기다

　벤치마킹에 대한 관점의 전환이 필요하다. 왜 꼭 해외기업, 선진국 기업만 벤치마킹하는가? 5,000년 우리 역사 속에 많은 시사점과 교훈이 녹아 있다. 필자는 해외 사례분석 못지않게 우리 역사에 대한 사례분석도 함께 이루어져야 한다고 생각한다. 어떤 편견이나 경시, 선입견 없이 해외 사례분석은 그것대로 의미와 시사점이 있고, 우리 사례분석 또한 의미와 시사점이 있다. 종합적으로 분석하여 미래 발전방향을 정해야 한다. 우리 역사나 기업은 무시하거나 아예 거들떠볼 필요도 없다는 태도를 경계하자는 것이다.

통일을 예로 들어보자. 대한민국에 통일은 매우 중요한 문제다. 수많은 통일 관련 세미나와 포럼이 열린다. 여기서 가장 많이 언급되는 벤치마킹 사례는? 쉽게 예상하듯 독일이다. 독일 통일과 관련해 여러 전문가가 토론하는 것이 보편적이다. 그런데 우리의 반만년 역사 속에는 통일과 관련해 벤치마킹할 사례가 없을까? 삼국통일 사례는 어떤가? 삼국통일 과정의 그 생생한 이야기가 우리에게 주는 교훈은 이루 말할 수 없을 만큼 많다. 그러면 삼국통일과 관련된 전문가들도 함께 이야기를 나누면 어떨까? 2가지를 병행해 통일 전략을 수립하면 얼마나 좋을까? 우리 역사 이야기이니 더욱더 귀에 쏙쏙 들어올 것이다.

그런데 여기서 서양 사대주의가 또 발동한다. 독일 이야기를 할 때는 뭔가 있어 보이는 느낌이었는데, 갑자기 신라, 고구려, 백제? 왠지 세미나의 격이 확 떨어지는 느낌이 드는가? 그렇다고 대답하는 사람들도 있을 것이다. 그렇다면 필자는 묻고 싶다. 당신은 어느 나라 사람인가?

물론 '그렇다'고 대답한 사람을 비난하려는 것은 전혀 아니다. 무슨 나쁜 의도를 가져서 그렇게 느낀다기보다는 그냥 자연스럽게 그렇게 느껴질 수 있기 때문이다. 우리 정신 속에 이처럼 깊이 문화 사대주의가 파고 들어와 있다. 참으로 무섭지 않은가?

삼국통일뿐만 아니라 우리 외교사의 명장면 중 하나인 '서희의 강동 6주'를 비롯해 살아 있는 우리 역사 사례 속에서 지혜와 교훈을 찾으면 더욱 좋을 것이다. 자부심도 있을 것이고, 때로는 반성할 점도 있을 것이다. 이처럼 역사는 박제된 지식을 암기하는 것이 아니라 미래를 향해 나아가는 데 무기로 활용해야 한다.

조금 성격이 다른 사대주의도 뿌리 박혀 있다. 바로 작은 나라를 무시하는 경향이다. 경제적 위상이나 규모와 상관없이 약소국이라도 우리가 배워야 할 점이 있다면 참고하면 된다. 대표적으로 이스라엘과 북유럽 국가들이다. 이스라엘의 창조적 혁신, 그리고 북유럽 국가들의 행복한 삶의 모습, 에스토니아의 디지털 가속화 등에는 우리가 배워야 할 것이 차고 넘친다.

그런데 이럴 때도 작은 나라라고 무시하고, 인당 GDP가 우리보다 낮다고 경시하는 모습을 보인다. "거기는 인구가 우리보다 훨씬 적잖아." 하는 식의 비교는 결코 바람직하지 않다. 배우고자 하는 자세만 가진다면 모든 일에서, 모든 사람에게서 배울 점을 찾을 수 있다. 어린아이에게도 배울 점이 수두룩하다. 작은 나라든 큰 나라든, 좋은 점은 배우고 익혀 우리의 미래를 설계하는 것이 중요하다.

사실 기업이라면 앞으로는 동종업계가 아니라 이종 산업에서 배울 것을 찾아야 한다. 하지만 벤치마킹에는 근본적으로 한계가 있다. 계속 후발주자의 입장에서 따라가야 하기 때문이다. 미래 인류를 위한 창조적 파괴는 후발주자로 따라만 가는 자가 결코 이룰 수 없다. 그러니 벤치마킹에 열을 올리기보다는 어떻게 하면 남들이 우리를 벤치마킹하게 할지 고민해야 한다.

우리나라 화폐인물은 왜 모두 조선시대 인물일까?

우리나라 화폐에 누가 그려져 있는지 자세히 살펴본 적 있는가? 1,000원권에는 퇴계 이황, 5,000원권에는 율곡 이이, 1만 원권에는 세종대왕, 5만 원권에는 신사임당이 있다. 모두 존경받아 마땅한 인물들이다. 그런데 특이한 공통점은 모두 조선시대 인물이라는 사실이다. 그리고 지난 40여 년간 변화가 없었다. 게다가 5만 원권이 나오기 전까지는 모두 남자였다.

그런데 다른 나라의 화폐인물을 살펴보면 매우 흥미롭다. 미국 화폐에는 건국의 아버지인 조지 워싱턴(1달러)을 비롯해 16대 대통령인 에이브러햄 링컨(5달러), 밴저민 프랭클린(100달러)이 등장한다. 주로 역대 대통령이다. 대통령이 아닌 인물은 정치인이자 과학자인 벤저민 프랭클린과 알렉산더 해밀턴(10달러) 초대 재무장관이다. 미국은 건국 당시부터 역대 대통령을 화폐인물로 쓴 것이 특징이다. 이와 대조적으로 5,000년의 역사를 지닌 우리나라는 세종대왕을 제외하고는 건국 시조 및 각 국가의 역대왕(고조선, 고구려, 신라, 백제, 고려, 조선 등), 대통령 중에 화폐인물은 1명도 없다.

일본의 1,000엔에는 일본의 슈바이처라 불리우는 세균학자 노구치 히데요, 5,000엔에는 일본 근대 소설의 개척자인 여류 소설가 히구치 이치요, 1만 엔에는 메이지유신을 일으킨 사상가 후쿠지와 유키치가 그려져 있다. 과학자, 사상가, 문학가가 골고루 등장한다. 한편 영국은 앞면에는 엘리자베스 여왕, 뒷면에는 뉴턴, 셰익스피어, 다윈, 《오만과 편견》 저자 제인 오스틴, 찰스 디킨스, 애덤 스미스 등이 수시로 교체된다. 과학자, 예술가, 경제학자 등 다양한 분야의 인물들이 포진된 것이 특징이다.

필자는 왜 우리나라 화폐인물은 모두 조선시대 인물인가를 매우 의아하게 생각했다. 5,000년의 유구하고도 찬란한 역사 중에 왜 조선시대 인물만 나올까? 그리고 왜 유독 '선비'의 비중이 큰가? 현재의 화폐인물이 잘못 선정되었다는 의미는 아니니 오해 없길 바란다.

그래도 약간 궁금하기는 하다. 고조선에서부터 고구려, 백제, 신라, 고려, 조선, 현대에 이르기까지 수천 년의 역사와 문화유산이 있는데, 왜 조선왕조 500년의 인물로만 화폐를 구성한 것일까? 그리고 학자뿐 아니라 과학, 기술, 정치(훌륭한 왕) 등 다양한 분야에 보석같이 출중한 인물들이 많은데? 현재의 화폐인물 구성은 5,000년의 역사 전체를 관통하지 못하는 느낌을 준다. 게다가 여전히 사농공상을 숭상하는 것인가? 참으로 다양한 생각이 들었다.

국조인 단군을 비롯해 고구려의 웅대한 기상을 상징하는 광개토대왕 등 우리에게 자긍심과 긍지를 심어줄 수 있는 인물들이 어디 한둘인가? 우리나라 지폐를 보면서 광활했던 발해의 모습을 연상할 수 있으면 얼마나 좋을까? 삼면이 바다인 우리나라에서 해상무역을 장악하고 명성을 떨친 장보고의 기개를 화폐 속에서 만나면 어떨까? 외국인에게도 보여주며 우리 역사를 설명해줄 수 있지 않을까? 그러면 한국인의 역사적 자부심이 좀 더 높아지지 않을까?

'우리의 시선과 관점'이 어디에 있는지에 따라 이렇게 한 국가를 대표하는 화폐에도 영향을 준다. 전 세계에서 온 외국인 여행자들은 제일 먼저 환전을 하고 우리나라 화폐를 사용한다. 즉 '환전 마케팅'으로 우리 역사를 알릴 절호의 기회다. 지폐에 단군이 그려져 있고 거기에 'BC 2333' 같은 표기가 있다고 생각해보자. 외국인들이 그것을 보면 "우와, 너희 역사가 기원전 2333년부터 시작되었다고?" 하며 놀라지 않을까? 필자에게 화폐인물로 딱 한 사람만 꼽으라고 한다면, 주저 없이 5,000년 역사의 국조인 단군을 꼽을 것이다. 여러분은 누구를 꼽겠는가? 모름지기 화폐인물은 한 국가를 대표하고, 전 세계에 우리나라를 알리는 매우 중요한 전략적 자산이다. 지금 이 시점에서 화폐인물에 대해 다시 한번 생각해볼 필요가 있다. 조선 이외의 시대에 대해서도 적극적으로 고려할 필요가 있고, 분야도 학자 이외의 다양한 인물들을 생각해볼 수 있다. 화폐는 매일 사용하는 것이기에, 5,000년의 역사를 통틀어서 자부심과 자긍심이 마구 솟아날 만한 인물들을 구상해보면 좋겠다.

태어나보니 '대한민국 사람'이다. 지금은 그냥 당연하고 평범한 일이겠지만, 우리 조부모님, 부모님 세대는 그렇지 않았다. 일제강점기에는 나라 없는 식민지 국민으로 창씨개명을 강요당했고, 6·25 전쟁으로 온 나라가 가족을 잃고 삶의 터전을 잃었다. 나라 없는 설움과 전쟁의 아픔을 그 무엇과 비교할 수 있을까? 태어나보니 '내 나라가 있다는 것'은 커다란 축복이 아닐 수 없다. 우리가 태어난 이 땅 '대한민국'은 수많은 분의 희생으로 얻어낸 그 무엇과도 바꿀 수 없는 고귀하고 숭고한 우리의 조국이다. 대한민국 사람인 우리는 이 사실을 단 1초도 잊어서는 안 된다.

3

사랑하는 나의 조국 대한민국

노블레스 오블리주를 실천한 사람들

누가 봐도 이상한 소송이었다. 퇴직금을 부족하게 받아 소송한 것이 아니라 과다하게 받았다고 회사의 최고경영진을 고소한 사건이다. 바로 유한양행 이야기이다. 퇴직금이 너무 많다고 유한양행 창업자인 유일한 박사를 고소한 것이었다. 더욱 놀라운 것은 고소인이 유일한 박사의 아들과 동생이었다. 이 소송은 아마 대한민국 역사상 명장면 중의 명장면이 아닐까 생각한다. 소송을 맡은 재판장의 표정은 어떠했을까?

유일한 박사는 "건강한 국민만이 잃어버린 주권을 되찾을 수 있다."는 생각으로 1926년 민족기업 유한양행을 설립했다. 유일한 박사는 자신의 삶으로 그 경영철학을 그대로 실천한 위대한 인물이다.

대표적인 일화는 에너지 드링크 신사업과 관련된 이야기다. 한 강물에 설탕을 타서 국민에게 먹여서는 안 된다고 해당 신사업을 단호히 거절한 사건이다. 그의 생각과 철학을 엿볼 수 있는 대목이다. 번지르르한 비전만 있고, 소위 '돈 되면 다 하는' 그러한 기업의 모습은 추호도 찾아볼 수 없다. 또 유일한 박사는 최고경영진 자리를 자식에게 물려주지 않고 전문경영인에게 맡겼는데, 이것 또한 한국기업 최초로 전문경영인을 도입한 매우 이례적인 일이었다. 거기다가 친인척을 경영에서 배제하고 회사에서 내보내기까지 할 정도였다. 놀라운 일은 이뿐만이 아니다.

"기업에서 얻은 이익은 그 기업을 키워준 사회에 환원해야 한다."

1971년에 그는 400억 원에 달하는 전 재산을 사회에 환원하는 유언을 남겼다. '기업이익은 철저히 사회환원'이라는 철학을 실제로 지켜낸 것이다. 최근 고(故) 이건희 삼성그룹 회장 역시 수조 원에 이르는 귀한 미술품을 국가에 기증했는데, 이는 기부와 나눔 확산에 적지 않은 영향을 준 사건이었다. 또 카카오 창업자인 김범수 카카오 이사회 의장 역시 재산의 절반을 사회에 기부하고 사회문제 해결에 앞장서겠다고 밝히는 등 기업인들의 선한 나눔에 박수갈채가 이어지고 있다. 국민 모두에게 울림을 준 일들이다.

나라를 위해 목숨을 건 50세의 특수요원 유일한

유일한 박사는 존경받는 기업가이기도 하지만 독립운동가이기도 하다. 미국 유학 시절에 나라를 빼앗기게 되자 한인소년병학교에 입교했고, 맹호군 창설에도 주요 역할을 담당했다. 또한 유일한 박사는 미국 국가전략정보국(OSS)이 추진한 냅코 프로젝트(Napko Project)에 참여한 특수요원이었다. 냅코 프로젝트는 일본을 교란시키는 작전 중 하나로 요원들 전원이 특공훈련을 받았다. 그러나 일본이 항복을 선언하면서 실제로 작전을 수행하지는 않았다.

여기서 우리가 주목해야 할 것은 냅코 프로젝트의 극비문서에 기재된 '암호명 A'가 바로 유일한 박사라는 점이다. 더욱 놀라운 것은 그때 그의 나이가 무려 50세였다는 점이다. 50세에 나라를 위해 목숨을 바치겠다며 합류한 유일한 특수요원은 우리 시대의 진정한 귀감이 아닐 수 없다. 대한민국에서 남부럽지 않은 지위에 있는 각계각층의 사회지도층 인사 중 나라를 구하고자 목숨 잃을 것을 각오하고, 나이 50세에 특수요원으로 지원할 수 있는 사람이 과연 몇 명일까?

기업가, 독립운동가, 그리고 교육자로서 한평생 스스로를 버리고, 조국을 위해 헌신하며 살았던 유일한 박사는 대한민국에서 노블레스 오블리주가 무엇인지를 제대로 보여준 분이다. 유한양행의 '안티프라민' 로고가 더욱 정겹게 느껴지지 않는가? 사회지도층의 선행이 언론에 더 많이 더 자주 보도되고, 노블레스 오블리주의 정신이 더욱 확대되길 바라본다.

노블레스 오블리주는 말이 아닌 실천이다. 지금 이 순간 5,000만 국민 모두가 나라를 위해 적어도 한 가지씩은 무엇을 실천하면 좋을지 생각해보면 좋겠다. 유일한 박사 같은 위대한 인물을 배출한 대한민국의 후손답게 말이다. 유일한 박사는 이런 말을 남겼다.

"눈으로 남을 볼 줄 아는 사람은 훌륭한 사람이다. 그러나 귀로는 남의 이야기를 들을 줄 알고, 머리로는 남의 행복에 대해서 생각할 줄 아는 사람은 더욱 훌륭한 사람이다."

부자의 품격을 보여준 간송 전형필

훈민정음이 전 세계로부터 극찬받을 수 있었던 것은 《훈민정음 해례본》이 있었기에 가능했다. 《훈민정음 해례본》은 훈민정음의 해설서로, 한글을 만든 이유와 한글의 사용법을 간략하게 설명한 글이 담긴 책이다. 훈민정음을 왜 창제했는지부터, 자모 글자의 모양 및 해설이 상세하게 기록되어 있기에 전 세계 언어학자들이 이것을 보고 훈민정음의 과학성을 인정하게 되었다. 한글의 진가를 증명해 보여준 귀중한 기록이다.

영국의 언어학자 제프리 샘슨(Geoffrey Sampson)은 "한글은 과학적으로 가장 뛰어난 글자로 '한글은 신이 인간에게 내린 선물'이다."라고 했으며 시카고대 언어학 교수 제임스 맥콜리(James D. McCawley) 역시 "세계에서 가장 과학적이고 위대한 글자인 한글을 전 세계 언어학계가 찬양하고 한글날을 기념하는 것은 매우 당연하고 타당한 일이다. 한글은 세계에서 가장 우수한 문자다."라고 했다. 심지어 독일 언어학자 마틴 해스펄매스(Martin Haspelmath)는 우리의 한글날인 10월 9일을 세계 언어의 날로 기념하자는 제안까지 했다.

지구상의 수많은 언어 중에 창제 목적, 창제 원리 및 창제일이

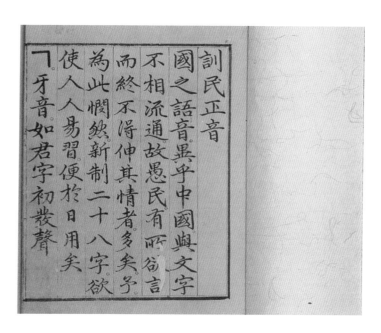

訓民正音

國之語音異乎中國與文字
不相流通故愚民有所欲言
而終不得伸其情者多矣予
為此憫然新制二十八字欲
使人人易習便於日用矣

ㄱ牙音如君字初發聲

훈민정음 해례본(국보 제70호) 중 세종대왕의 서문

大東千古開矇矓

用字例

初聲ㄱ。如감為柿。ᄀᆞᆯ為蘆ㅋ。如우케為未舂稻。콩為大豆。ㆁ。如러울為獺。서에為流澌。ㄷ。如뒤為茅。담為墻。ㅌ。如고티為繭。두텁為蟾蜍ㄴ。如노로為獐。납為猿。ㅂ。如불為臂。벌為蜂ㅍ。如·파為葱。·풀為蠅。ㅁ

如:뫼為山。·마為薯藇ㅸ。如사ᄫᅵ為蝦。드뷔為瓠ㄷ。如·자為尺。죠ᄒᆡ為紙。ㅊ。如·체為籭。·채為鞭ㅅ。如·손為手。:셤為島ㆆ。如·부헝為鵂鶹。·힘為筋。ㅇ。如·비육為鷄雛。·ᄇᆞ얌為蛇ㄹ。如·무뤼為雹。어·름為氷ㅿ。如아ᅀᆞ為弟。:너ᅀᅵ為鴇中聲ᆞ。如·ᄐᆞᆨ為頤。ᅟᅵ·ᄉᆞᆺ為小豆ᄃᆞ리為橋。ᄀᆞ래為楸。ᅳ

훈민정음 해례본 용자례

기록으로 남아 있는 유일한 언어가 바로 한글이다. 우리가 이 모든 역사적 사실을 생생하게 알 수 있었던 것도 모두 《훈민정음 해례본》 덕분이다. 《훈민정음 해례본》은 지구촌 세계문화유산인 만큼 1997년에 유네스코 세계기록문화유산으로 등재되었다.

그런데 이처럼 귀중한 《훈민정음 해례본》이 아예 소실될 뻔한 사연을 아는가? 인류의 보물로 추앙받는 《훈민정음 해례본》은 어떻게 전해진 것일까? 조선 왕실에 고이 보관되어오다가 박물관에 순탄하게 소장된 문화유산이 결코 아니다. 《훈민정음 해례본》은 '간송 전형필'이라는 인물이 없었다면 아무도 모르게 사라져버렸을지도 모른다. 그만큼 해례본이 발견되고 세상에 공개된 과정은 드라마 그 자체다.

1906년에 태어난 간송 전형필은 24세가 되던 해에 800만 평의 땅을 상속받으며 당대 거부 중의 거부가 되었다. 그런데 그는 물려받은 가문의 재산을 우리나라 문화재를 사들이는 데 쏟아부었고, 문화재로서 보존가치가 뛰어나다고 생각되는 것이 있으면 큰돈을 들여서라도 어떻게든 구입했다. 문화재야말로 '국가의 자존심'이라는 철학을 가지고 일제가 우리나라 문화재를 빼돌리지 못하게 하기도 했다. 간송 전형필은 숭고한 '문화보국(文化報國)' 정신으로 우리 문화재를 지켜온 것이다.

1943년, 간송은 《훈민정음 해례본》을 1,000원에 판다는 소식을 들었다. 안동으로 가는 고서 중개상에게 1만 1,000원을 주며, 책 주인에게 1만 원을 주고 나머지 1,000원은 수고비로 가지라고 말했다. 당시 1,000원은 서울에서 큰 기와집 한 채를 살 수 있는 큰돈이었다. 책 주인은 1,000원에 팔겠다는데 그보다 10배인 1만 원을 지불한 것이다. 간송은 "훈민정음 같은 보물은 그런 대접을 받아야 한다."고 말했다고 한다. 정말 존경스럽지 않은가?

《훈민정음 해례본》을 손에 넣었지만, 안심하긴 일렀다. 1942년 조선어학회 사건을 비롯해 일제의 한글탄압은 점점 더 극심해지고 있었다. 《훈민정음 해례본》의 존재가 조선총독부의 귀에 들어가는 순간 일제는 쥐 잡듯이 찾아서 불태워버릴 것이 너무나도 자명했다. 간송은 철저하게 비밀을 유지했고, 마침내 광복 이후에 세상에 공개할 수 있었다.

그런데 또 문제가 있었다. 6·25전쟁으로 피난을 가야 하는데, 《훈민정음 해례본》을 가지고 가야 하는 상황이었다. 간송 전형필은 오동나무 상자에 넣어 피난길을 나섰고, 생사가 오가는 피난 현장에서도 《훈민정음 해례본》을 지키겠다는 신념으로 낮에는 품고 밤에는 베개 삼아서 지켜냈다. 이처럼 간송 전형필은 타고난 부호였음에도 불구하고, 문화보국과 문화 독립운동가로서의 찬란한 삶의 향기를 후손들에게 남겨주었다.

간송은 대한민국 지도층의 삶은 이래야 한다는 것을 몸소 실천한 사람이다. 이러한 삶이 바로 우리 대한민국의 국격을 높이는 삶 아닐까? 서울 성북동에 위치한 간송 미술관을 방문하여 그의 정신을 되새겨보면 좋겠다.

4대가 국립현충원에 잠든 까닭은?

나라를 위해 목숨을 바친 순국열사가 안장된 곳이 국립현충원이다. 그런데 국립현충원에 무려 4대가 안장된 가문이 있다는 사실을 아는가?

1905년 을사늑약으로 빼앗긴 자주권 회복을 위해 일어난 홍주성(지금의 충청도 홍성) 전투는 전국적으로 의병이 궐기하는 도화선이 되었는데, 이 홍주의병을 이끌었던 주인공이 바로 수당 이남규 선생(1대)이다. 이남규 선생은 목은 이색의 후손이며, 단재 신채호 선생의 스승이기도 하다. 승정원 우승지 등 당대 최고의 요직을 거친 소위 엘리트 계층이었다. 이남규 선생은 누구보다 목소리를 높여 일제에 맞서 싸울 것을 분연히 주장했고, 그 과정에서 좌천되는 수

모를 겪기도 했다. 임금 앞이라고 해도 소신을 굽히지 않고 본인의 뜻을 알리는 기개가 참으로 멋있지 않은가? 개인의 안위보다는 국가와 국민을 위해 무엇이 바람직한가에 초점을 맞추는 자세는 이시대의 정치인들도 배워야 할 점이다.

가슴으로 실천한 애국이 무엇일까?

홍주의병을 지원한 수당 선생은 '불의로 사는 것은 의로움에 죽는 것만 못하다'라는 철학을 가지고 있었다. 일본군은 홍주의병진의 기세를 꺾기 위해 수당 선생을 체포하고 회유하였으나, 그는 끝내 굴복하지 않고 함께 항일운동을 한 맏아들 이충구(2대)와 함께 순국하고 만다. 나라를 위하는 것이 무엇인지 몸소 실천한 이남규 선생의 이야기에 고개가 절로 숙여진다.

이후 3대인 이승복은 종로경찰서를 폭파한 김상옥의 도주를 돕고, 국권 회복을 위해 신간회 결성을 주도했다. 4대 이장원은 해병사관후보생으로 6·25전쟁에 참전해 전쟁터에서 순국했다. 충청남도 예산 '수당기념관'은 수당의 정신을 기리는 곳이다. 4대에 걸쳐 애국 충청을 한 호국 명문 이남규 가문의 일화를 보고 여러분은 어떤 느낌이 드는가?

지금 대한민국 사회를 보자. 우리 국민은 대한민국 사회지도층을 얼마나 믿고 따르는가? 대한민국 사회지도층은 본인의 피땀 어린 노력을 기반으로 엘리트가 되었지만, 어찌 보면 대한민국 사회로부터 엄청난 직간접적 혜택을 입기도 했다. 그러기에 노블레스 오블리주를 실천할 사회적 책임이 있는 것이다.

그리고 나라가 위기에 처했을 때 수많은 우리 선현들은 목숨을 내놓고 나라를 구하고자 했다. 하지만 지금 대한민국의 지도층, 지식인은 그런 준비가 얼마만큼 되어 있을까? '말'이 아닌 '실천'이 중요하다. 머리가 아닌 가슴으로 실천하는 애국이 무엇일까? 각자 자기 위치에서 할 수 있는 일이 있을 것이다. 초등학교 때부터 외워왔던 '국기에 대한 맹세'를 기억하는가? "나는 자랑스러운 태극기 앞에 자유롭고 정의로운 대한민국의 무궁한 영광을 위하여 충성을 다할 것을 굳게 다짐합니다."(2007년 개정됨)

4대가 국립현충원에 안장된 이남규 선생 가문의 가슴 뭉클한 이야기 속에서 우리 후손들은 그분들에게 무엇으로 보답해야 할까? 첫 번째는 순국선열들이 목숨을 바쳐 지켜주신 우리나라를 '그저 그런 대한민국'이 아닌 '융성한 대한민국'으로 만들어야 한다. 그리고 두 번째는 사회지도층, 지식인들이 국민에게 실망을 주거나 지탄의 대상이 되지 않는 것이다. 희망을 주고 존경을 받으며 더 좋은 사회를 만드는 데 일조해야 한다. 사회지도층이 어떻게 하느냐에 따라 국가 발전의 속도가 달라지고 국운이 뒤바뀐다.

"나는 대한의 독립과 결혼하였다."

2·8독립선언과 3·1운동은 우리 역사에서 매우 중요한 사건이다. 1919년 3월 1일 서울 탑골공원, 거리로 나온 수천 명의 시민들 앞에서 '독립선언서'가 낭독되었다. 이것이 3·1운동의 시작이었고,

만세운동은 들불처럼 전국으로 퍼져나갔다. 그런데 이 독립선언서를 누가 거기까지 운반하고 전국에 배포했을까? 3·1운동의 확산에는 어린 여학생 3명의 숭고한 정신이 있었다.

만약 여러분이 그 당시 일본 순사들의 삼엄한 감시를 뚫고, 나라의 운명이 달린 중요 문서를 운반한다고 하면 어떤 느낌이 들겠는가? 결단코 목숨을 걸고 해야 하는 일이라는 것을 직감할 것이다.

첫 번째 주역은 여성 독립운동가이자 재일본 조선청년독립단을 조직한 송계백 선생이다. 1919년 일본 와세다대 정치과 유학생이었던 송계백 선생은 밀사가 되어 사각모 안에 2·8독립선언서 초안을 숨긴 채로 일본의 감시를 피해 한국에 들어왔다. 이와 함께 일본 유학생의 거사계획을 알리며 임무를 완수한다. 송계백 선생의 활약으로 손병희 선생 등은 독립운동을 가속화할 수 있었다. 이후 송계백 선생은 일본에서 가혹한 옥고를 치르며 고통스러운 시간을 보내다가 24세 꽃다운 나이에 옥중에서 순국하고 만다.

두 번째 주역은 "나는 대한의 독립과 결혼하였다."고 말한 여성 독립운동가이자 교육가 김마리아 선생이다. 1928년 시카고대학에서 사회학 석사학위를 받고, 미국에서 근화회(재미대한민국 애국부인회)를 조직하여 회장으로 활동했다. 미국에 있는 한국인의 애국심을 고취시킨 분으로, 일제의 악랄한 식민정책을 서방국가에 알리는 활동을 했다. 김마리아 선생은 대한민국 임시정부 황해도 대의원으로 선출되기도 했다.

김마리아 선생은 독립선언서를 기모노에 숨기고 일본의 감시를 피해 한국으로 가져왔다. 이후 투옥되어 인두질을 비롯한 모진 고문으로 한쪽 가슴을 잃었으며, 평생 고문 후유증에 시달렸다. 김마리아 선생은 이런 말을 남겼다. "너희가 할 대로 다 해라. 그러나 아무리 나를 고문한다고 해도 내 속에 품은 내 민족, 내 나라 사랑하는 마음은 너희가 빼내지 못할 것이다."

이렇게 나라를 지키고자 했던 분들이 있었기에 지금 우리가 태어난 이곳 대한민국이 존재하는 것이다. 도산 안창호 선생은 "김마리아 같은 여성이 10명만 있었다면 한국은 독립되었을 것"이라고 얘기했다고 한다. 나라를 사랑하는 그분의 마음을 한 올 한 올 읽을 수 있는 대목이다. 서울 종로구에는 '김마리아길'이 있다. 이곳을 걸으며 그녀의 정신을 되새겨보면 좋겠다.

세 번째 주역은 유관순의 오빠 유우석 지사와 결혼한 조화벽 선생이다. 1895년에 태어나 당시 10대였던 조화벽 선생은 개성에서 낭독했던 독립선언서를 버선 안에 숨겨서 양양으로 들고 가 그곳에서 3·1운동의 불씨를 지폈다. 10대의 어린 나이였지만 조화벽 선생은 확고한 신념을 갖고 독립운동을 펼쳤다. 이로 인해 강원도 양양에 독립운동이 들불처럼 퍼져나갔고, 마지막 만세운동이 펼쳐진 만세고개에는 '양양 3·1운동 유적비'가 세워져 이들의 정신을 기리고 있다.

조화벽 선생은 학생들에게 올바른 국가의식과 민족의식을 키우는 것이 중요하다고 생각하여, 교사로서 애국계몽 활동을 활발히 전개했다. 그리고 자신의 교사 월급 일부를 상하이 대한민국 임시

정부에 독립자금으로 보낼 정도로 일생을 조국독립에 바친 독립운동가였다.

송계백, 김마리아, 조화벽! 이분들의 숭고한 희생이 있었기에 지금 우리는 주권을 회복하고 자랑스런 대한민국의 후손으로 살아가고 있다. 그리고 이분들은 젊디젊은 10대, 20대에 나라를 위해 목숨을 아끼지 않고 독립운동에 일생을 바쳤다. 후손으로서 우리는 결코 이분들을 잊어서는 안 될 것이고, 머리가 아닌 가슴으로 이분들의 정신을 새기고 살아가야 할 것이다.

세계인이 사랑한 한국

남수단의 슈바이처이자 영웅으로 불리며 남수단 교과서에 실린 한국인이 있다. 바로 고(故) 이태석 신부다. 부산에서 태어난 그는 넉넉지 않은 형편에도 의대에 진학해 의사가 되었지만 이내 삶의 방향을 바꾸어 신부가 되었다. 그러고 나서 그는 전쟁, 말라리아, 결핵이 창궐한 남수단으로 간다. 이태석 신부는 신부이기도 하지만 의사이기에 하루에도 300여 명의 환자를 진료했다. 왕진과 이동진료도 마다하지 않았고, 늦은 밤이건 새벽이건 환자를 돌봤다.

여기에 그치지 않고 이태석 신부는 아이들에게 삶의 희망을 심어주기 위해 브라스밴드를 조직하고 악기 다루는 법을 가르쳤다. 그 브라스밴드는 마치 베네수엘라의 '엘 시스테마(El Sistema)' 처럼 남수단 아이들을 삶을 변화시켰다. 참고로 엘 시스테마는 빈민층 아이들에게 무상으로 음악을 가르치는 프로그램인데, 가난과 폭력에 무방비로 노출된 어린이들의 삶을 음악으로 변화시키고자 한 교육사업이다. 실제로 이 프로그램을 통해 구스타보 두다멜(Gustavo Dudamel)은 세계적인 지휘자로 대성하게 된다. 이태석 신부 또한 남수단 아이들에게 운명을 바꿀 수 있는 희망의 씨앗을 묵묵히 심어주고 있었다.

하지만 2008년 안타까운 소식이 전해진다. 이태석 신부가 대장암 진단을 받은 것이다. 이태석 신부는 암에 걸렸다는 슬픈 소식을 듣고서도 본인보다 남수단 아이들을 떠올렸다.

이태석 신부가 뿌린 인류애라는 씨앗

2010년 이태석 신부가 48세에 대장암으로 세상을 떠났고, 남수단 마을 사람들은 "이태석 신부는 할 일이 많은 사람이라 내가 먼저 가야 한다."며 슬퍼했다. 그분들의 모습 속에서, 우리는 이태석 신부가 남수단에서 어떤 존재였는지를 짐작할 수 있다.

이태석 신부를 보면서 자란 남수단의 아이들 중에는 이 신부처럼 사람을 살리는 일을 하고 싶다며 의사가 된 학생들도 많다고 한다. 실제로 토마스 타반 아콧 씨는 한국에서 의대를 졸업하고 의사가 되었다. 얼마 전에는 우리나라 TV 프로그램에도 출연해 이태석 신부처럼 희망을 주고 싶다고 포부를 밝혔다. 토마스 씨는 의대를 졸업하던 날 이태석 신부의 흉상에 학사모를 씌워드리면서 하염없이 눈물을 흘렸다고 한다. 이처럼 이태석 신부의 정신은 영원히 살아 있다. '이태석 키즈'가 우리 옆에 있으니 말이다.

이태석 신부의 감동적인 이야기는 영화 '울지 마 톤즈'로, 그리고 이태석 신부의 제자들 이야기는 영화 '부활'로 우리에게 또 다른 감동을 선사한다. 독자 여러분도 이 두 영화를 꼭 시청해보시길 바란다.

"인생을 어떻게 살아가야 하나요?"라는 질문에 이태석 신부는 말이 아닌 행동으로 몸소 실천하는 모습을 보여주었고, 이것은 무엇보다 커다란 울림을 주었다. 성경에 "가장 작은 이들 가운데 한 사람에게 해준 것이 바로 나에게 해준 것이다."(마태복음 25장 40절)라는 말이 있다. 이러한 가르침을 실천한 이태석 신부는 진정한 인류애(人類愛)가 무엇인가를 보여주었다.

한국인보다 한국을 더 사랑한 호머 헐버트

문득 이런 생각이 든다. 한국인 중에 외국에 가서 그 나라 사람들보다 더 그 나라를 사랑한다고 칭송받는 사람이 있나? 있다면 몇 명이나 있을까? 사실 타국에서 그렇게 하기란 결코 쉬운 일이 아닐 것이다. 그런 점에서 한국은 참으로 축복받은 나라 같다. 한국인보다 더 한국을 사랑하는 외국인들이 있으니 말이다. 교육자이자 독립운동가였던 호머 헐버트(Homer B. Hulbert)를 소개하고 싶다. 그의 묘비에는 "나는 웨스트민스터 성당보다 한국 땅에 묻히기를 원하노라."라고 새겨져 있다.

호머 헐버트

호머 헐버트는 1907년 네덜란드 헤이그 만국평화회의에 고종의 밀사로 파견되어 일제의 침략야욕을 폭로했다. 1905년에는 고종의 친서를 품고 미국특사로 파견돼 을사늑약의 부당성을 역설했고, "미국이 한국을 일본에 넘겼다."며 모국의 태도를 비난하기까지 했다. 일제의 감시대상이었던 헐버트는 3·1운동에 대해 "세계사에서 가장 아름다운 애국심의 가치"로 평가하며, 3·1운동이 일어나자 미연방 상원 외교위원회에서 일제의 잔인함에 대하여 고발하기도 하였다.

1907년, 일본 궁내부 대신 다나카 미쓰야키가 경천사 10층 석탑을 무단으로 해체하여 도쿄의 자기 집 뜰에 갖다 놓는, 한마디로 어이없는 사건이 벌어졌다. 이에 호버 헐버트는 반출 현장 사진을 찾아내고 주민 증언을 입수해 일본 영어신문인 〈재팬 크로니클〉에 폭로했다. 또한 〈뉴욕타임스〉 등 해외 유력 언론에도 이 야만적인 문화재 약탈을 비판하는 내용의 기사를 실어 1918년에 돌려받을 수 있었다.

이러한 독립운동과 더불어 호머 헐버트는 세계 지리 지식과 문화를 소개하는 내용의 《사민필지》라는 교재를 제작했다. '사민필지(士民必知)'라는 제목은 양반과 평민 모두가 반드시 알아야 할 지식이라는 뜻이다. 또 한국 최초의 영문 월간지인 〈코리아 리파지터리(Korea Repository)〉(한국 소식이라는 뜻) 창간호에 한글의 독창성, 우수성에 대한 내용을 담기도 했다. 그는 그 누구보다 한글을 사랑했는데, 특히 한글 띄어쓰기를 도입하자고 주장한 장본인이기도 하다.

《사민필지》 서문에는 조선 사람들이 한글의 유용함을 모르고 오히려 업신여기니 안타깝다는 마음을 표현하기도 했다. 외국인의 눈에 비친 우리 모습이기에 더욱 부끄럽다. 또한 헐버트는 최초의 영문 한국사 책인 《더 히스토리 오브 코리아(The History of Korea)》도 편찬했다.

그뿐 아니다. 명성왕후 시해사건 이후 고종의 침전에서 불침번을 섰던 인물이 바로 헐버트이기도 하다. 우리의 영원한 영웅인 안중근 의사는 헐버트에 대해서 "한국인이라면 하루도 잊어서는 안 되는 인물"이라고 평가했다. 헐버트 또한 우리 독립운동사의 중요 인물이자 영웅이다. 자신의 모국도 아닌 대한민국을 위해 목숨을 걸고 활동했으니 말이다.

호머 헐버트는 1950년 외국인 최초로 건국훈장(독립장)이 추서된 독립운동가이며, 2014년 금관문화훈장을 받은 한글학자이자 역사연구가, 문화운동가, 그리고 교육자였다. 1949년 초대를 받아 한국에 왔으나 한 달가량의 여독을 이기지 못하고 8월 5일에 숨을 거두었고, 8월 11일에 외국인으로는 처음으로 사회장이 치러졌다.

1942년 7월 미국 〈스프링필드 유니언〉 인터뷰에서 그는 "한국인은 세계에서 가장 빼어난 민족 중 하나다."라고 이야기하며, 한글, 거북선, 기록문화, 3·1운동 등을 언급했다. 이처럼 한국인보다 한국을 더 사랑한 호머 헐버트의 이야기를 들으면 대한민국이 더욱 소중하게 느껴진다. 그의 숭고한 정신에 가슴 깊이 감사를 전하고 싶다.

필자는 116년의 역사를 지닌 국제봉사조직인 로터리 클럽 활동을 하는데, 이곳은 초아(超我)의 봉사정신을 실천하는 조직이다. 클럽 월례회의나 모임을 할 때 늘 '국기에 대한 경례'를 하는 식순이 있는데, 국기에 대한 경례를 할 때마다 가슴이 뭉클하고 뭔가 뜨거운 것이 북받쳐 올라오는 느낌을 받는다. 필자의 휴대폰 통화연결음이 '애국가'인데, 어떤 분은 필자에게 전화를 걸면서 "애국가를 좀 더 듣고 싶은데 전화를 그렇게 빨리 받으면 어떻게 하느냐."고 농담 섞인 핀잔을 전하기도 한다. 호머 헐버트의 이야기를 떠올리니 오늘따라 애국가가 더욱 정겹게 느껴진다.

우리나라에서 널리 발굴된 신석기시대의 '빗살무늬토기' 분포도를 보면 우리나라뿐만 아니라, 요동지방, 발해만 연안, 내몽골, 알타이 지역, 남부 러시아, 핀란드 등 유라시아 지역을 관통하며 널리 분포되어 있음을 알 수 있다. 이는 일종의 '신석기문화 벨트'가 형성된 것으로 이 역시 세계교류의 한 장면이다.

이처럼 우리 선현들의 발자취는 한마디로 '세계 속의 한국, 한국 속의 세계'였다. 한국인들은 어디 한 곳에 가만히 있지 않았다. 세계 속의 한국은 익숙한데, '한국 속의 세계'라니? 이게 무슨 의미일까? 이제 우리 선현들의 흔적을 따라가 보면서 그 의미를 하나하나 느껴보자.

4

한국 속의 세계, 세계 속의 한국

쿠쉬나메의 속삭임

인도 남부에서 '아빠', '엄마'라는 말 소리가 들린다. 한국인 여행자 또는 인도에 사는 한국교포가 말하는 소리가 아니다. 그럼 누가 말하는 것인가? 놀랍게도 남인도 타밀나두 지역의 현지인들이 그렇게 말한다. 실제로 한국어 엄마, 아빠가 타밀어로도 엄마, 아빠라고 하고, 그 외에도 발음이 유사한 단어가 제법 많아서, 어쩌면 과거에 한국인들이 세계와 교류한 흔적이 아닐까 하고 기대해본다.

유럽을 공포에 떨게 한 훈족 제왕 아틸라를 아는가? 아틸라가 대제국을 이루게 된 배경에는 코미타투스(comitatus)라는 기마전사 집단이 있었다. 코미타투스의 흔적은 중앙아시아에 걸쳐 신라에 이르는 대장정 초원길에 고스란히 남아 있다. 신라의 황금보검 같은 문물을 비롯하여 화랑의 정신인 사군이충(주군에 충성하는 것), 교우이신(친구를 의리로 지키는 것), 임전무퇴(전쟁에서 물러나지 않는 것) 등이 코미타투스의 특징이기도 하다.

이처럼 신라는 중앙아시아를 넘어 유럽과도 교류했을 것으로 추측할 수 있다. 훈족의 후예 헝가리에서 2년마다 열리는 '쿠릴타이 축제'는 유라시아 유목민들이 한자리에 모여 아틸라와 영웅들을 기리는 행사인데, 한국도 여기에 참가한다.

고대로부터 중동과 한국이 친밀한 교류를?

전 세계에서 이슬람 문화권 인구는 약 15억 명, 국가 수로 따져 보면 50개국이 넘는다. 전 세계의 1/4이 거대한 이슬람 문화권을 형성하고 있다. 국부창출에 있어서 핵심 중의 핵심시장이 아닐 수 없다. 그러나 한국인들에게 '중동' 하면 무엇이 떠오르는지 물어보면 대부분 석유, 사막, 전쟁, 테러 등을 떠올린다. 전체적으로 그다지 좋은 이미지는 아닌 듯하다.

그런데 고대로부터 중동과 한국이 친밀한 교류를 이어왔다는 사실을 아는가? 그 점을 생각하면, 어쩌다가 이렇게 우리가 중동에 대해서 부정적이고 편협한 시각을 갖게 되었는지 의아하다. 어쩌면 그 편협한 시각 자체를 못 느끼는 것이 더 심각한 문제일 수도 있다. 누가 중동에 대한 이런 부정적인 시각을 우리에게 심었을까?

이 책의 서두에서 잠깐 언급했듯이, 호메로스의 《일리아스》나 《오디세이아》는 다들 잘 알고 있지만, 《쿠쉬나메》는 잘 모른다는 반응이 보편적이다. 《쿠쉬나메》는 페르시아의 대서사시로 800페이지 분량 중 무려 500페이지가 한국, 즉 신라와 관련된 이야기다. 페르시아 왕자와 신라 공주의 사랑 이야기일 뿐만 아니라 신라의 문화와 역사를 엿볼 수 있는 매우 귀한 자료인 셈이다.

그런데 왜 우리는 《쿠쉬나메》를 듣거나 볼 기회가 없었을까? 필자 역시 학창시절에 《쿠쉬나메》에 대해 들어본 적이 없다. 기업 CEO와 오피니언리더를 대상으로 무수한 강연을 했지만, 그 수많은 청중 중에 이 책을 아는 사람은 거의 없었다. 안타까운 현실이다.

중동 사람들이 한반도 정착에 대해 쓴 가장 오랜된 문헌 중 하나인 이븐 쿠르다드비(Ibn Kordadbeh)의 《도로와 왕국 총람》을 보면 "신라라고 불리는 금이 풍부한 나라가 있다. 그곳에 진출한 무슬림은 자연환경의 쾌적함 때문에 영구정착하여 떠날 생각을 아니한다."라고 되어 있다.

그 외에도 고대에 신라와 페르시아가 교류한 흔적들이 남아 있다. 경주 계림로 14호분에서 출토된 그 유명한 신라의 황금보검을 비롯하여, 페르시아 카펫, 유향, 유리제품, 그리고 경주 일대에서 발굴되는 출토품, 중동인 석상에 이르기까지 상상을 초월하는 문화교류가 이루어졌을 것으로 추측된다.[1]

신라뿐만이 아니라 이슬람 사람들과의 교류는 고려시대에도 계속 이어진다. 《고려사》에는 아라비아에 대한 표현이 자주 등장한다. 그리고 고려가요인 쌍화점에 보면 회회(回回)라는 단어가 나오는데, 회회는 아랍인을 뜻한다. 그만큼 고려에는 회회인들을 흔히 볼 수 있고 교류와 왕래가 잦았다는 것이다. 하지만 지금 서울 한복판에서 회회인을 쉽게 찾아볼 수 있는가? 오히려 요즘과 같은 글로벌 시대에 한국에서는 회회인이 어색해 보일 수 있다. 그만큼 우리와 중동은 멀어진 것이다. 고려보다도 후퇴한 현대다.

메소포타미아문명을 시작으로 페르시아, 이슬람제국, 오스만투르크 제국으로 이어진 거대한 문명국가들이 중동에서 발전해왔다. 우리나라 또한 고대로부터 화려한 문화를 바탕으로 이들과 활발하게 교류해 왔지만, 지금은 중동에 대해 잘 몰라서 혹은 일정 부분 잘못된 시각에 사로잡혀 멀어졌다. 천년의 교류 역사를 우리 스스로가 외면하는 듯한 느낌도 든다. 이제 정신을 바짝 차리고 우리의 관점에서 중동을 제대로 바라볼 필요가 있다.

거대한 이슬람 문화권과 협력하고 상생해야만 미래 대한민국의 국부창출과 중동국가의 번영을 도모할 수 있다. 그러기 위해서는 대한민국의 문화 외교, 역사 외교가 제대로 가동되어야 한다. 이러한 역사적 교류의 흔적은 우리에게는 그야말로 큰 축복이 아닌가? 비단 중동국가뿐 아니라 중앙아시아를 비롯해 우리와 고대로부터 함께 교류한 문명국가들과의 관계를 새로운 관점에서 재정립해 나가야 한다. '유라시아 네트워크'는 또 다른 국부창출과 교류의 기회이기 때문이다.

중동과 우리는 친구 사이다. 선현들이 교류했던 역사를 우리가 이어가 공동의 번영을 이룰 수 있다. 유라시아 네트워크 전략이 시급하다.

8세기 신라의 수도 경주는 4대 국제도시였다

한국인에게 경주는 어떤 곳일까? 여러분은 경주를 생각하면 무엇이 떠오르는가? 신라의 수도, 고등학교 수학여행, 불국사, 석굴암 정도가 아닐까? 그러나 8세기경 신라의 중심도시였던 경주는 당시 세계를 주름잡은 비잔틴제국의 콘스탄티노플, 중국 당나라 장안, 이슬람제국의 바그다드와 어깨를 나란히 하는 세계적인 국제도시였다. 국제도시 경주 이야기를 해보자.

우선 우리나라에서 8세기는 세계적인 문화유산인 불국사, 석가탑, 다보탑, 석굴암 등 찬란한 문화가 꽃피웠던 시기다. 그중에서도 경주 한복판에 있는 황룡사 9층 목탑은 높이가 무려 80m에 달하는 랜드마크였다. 그리고 황룡사는 불국사의 4배인 3만 평 규모로 조성되어 있었다. 경주는 도시 전체가 박물관이라고 해도 과언이 아닐 정도다.

또 신라는 당시 중국에 가장 많은 유학생을 보낸 나라였고, 동시에 빈공과(중국에서 외국 학생을 대상으로 시행하는 과거시험)에 합격한 사람 대부분이 신라 출신일 정도로 해외 문물에 대한 관심과 교육열이 대단했다. 이러한 교육열에 한국인의 명석함까지 더해져 신라의 문명이 화려하게 꽃피운 것 아닐까?

보통 인구수를 보면 그 도시의 발전 가능성 가늠해볼 수 있다. 《삼국유사》에는 이러한 내용이 나온다. "신라 전성기에 경중(京中, 수도의 안쪽)에는 17만 8,936호(戶), 1,360방(坊), 55리(里), 35개의 금입택(金入宅, 부자들의 저택)이 있었다." '호(戶)'를 '사람 수'로 간주할 경우 당시 경주 인구는 17만 명 정도로 추정할 수 있다. 당대 파리나 런던 등의 유럽의 대도시는 인구 5만이 채 넘지 않았으니, 경주가 얼마나 융성한 도시였는지 짐작할 수 있다.

7세기에 해양부를 만든 황금의 나라 신라

또 신라는 '황금의 나라'로도 유명하다. 전 세계에서 발견된 고대 금관은 불과 10점인데 그중 무려 6점이 신라 금관이다. 이처럼 금관을 비롯해 천년고도 경주에서 쏟아져 나온 금빛 찬란한 유물과 공예품은 아름다움과 화려함의 극치를 보여준다. 문화 수준이 상당히 앞서 나갔던 것을 보여주기도 한다.

아랍 지리학의 거장 알 이드리시(Al Idrisi)는 《천애횡단갈망자의 산책》이라는 책에서 "신라의 금은 너무도 흔해서 심지어 개 목걸이나 원숭이의 목 테도 금으로 만들었다."라고 했고, 아랍의 사학자 알 마크디시(Al Maqdisi) 역시 《창세와 역사서》에서 "신라인들은 가옥을 비단과 금실로 수놓은 천으로 단장한다. 식사할 때는 금으로 만든 그릇을 사용한다."고 기록해놓았다.[2] 백제와는 긴밀한 관계를 가진 반면 신라와는 관계가 좋지 않았던 일본조차 신라를 부러워한 것은 다름 아닌 황금이 넘치는 신라의 모습이었다. 이는 《일본서기》에 이렇게 나온다. "눈이 부신 금은 채색이 그 나라에 많은데, 그 나라의 이름이 고금 신라국이다."

신라의 해상무역 또한 빼놓을 수 없는 대목이다. 해상무역이 발달하려면 조선술과 더불어 교역에 대한 국가적 개방성이 뒷받침되어야 하는데, 신라는 이러한 측면을 고루 갖추었다고 볼 수 있다.

《삼국사기》에 의하면 나당전쟁 당시 671년(문무왕 11년)에 신라 해군이 당나라 수송선 70여 척을 격파했고, 673년에는 병선 100여 척으로 서해를 지켰으며, 675년에는 당나라 병선 40척을 빼앗았다는 기록이 나온다. 678년(문무왕 18년)에 선부서(선박관리)를 병부에서 독립시키는데, 지금으로 보면 일종의 '해양부'가 탄생한 것으로 신라는 해양 진출의 중요성을 인지하고 있었음을 알 수 있다. 7세기에 '해양부'라니 다시 한번 감탄이 나온다.

이러한 해상무역을 통해 제품이나 물자뿐 아니라, 문화가 자연스럽게 교류되며 무역강국과 문화강국으로 발돋움할 수 있게 되었다. 신라의 천마총에서 나온 '유리잔' 등은 서역에서 건너온 것들이고, 신라의 계림 14호분에서는 앞에서 잠시 얘기한 그 유명한 '황금보검'이 발굴되었다. 이 황금보검 역시 신라의 전통기술이 아닌 타국에서 만들어진 것이 신라로 들어온 것이다. 신라 왕의 무덤 괘릉(경주 원성왕릉) 옆에 서 있는 서역 무인상 또한 이러한 개방과 교류의 도시 모습을 고스란히 보여주고 있다.

이처럼 경주는 신라인이 된 고구려, 백제, 말갈사람, 중국, 일본, 서역인들이 모여든 국제도시였다. 지금의 서울은 전 세계 15위권[3]인데, 어쩌면 8세기 경주가 서울보다 훨씬 더 국제화된 모습이었을 것이다. 그뿐 아니라 중국 여러 곳에 일종의 코리아타운인 '신라방'을 만들고 동중국해, 황해, 남해의 국제교역망을 손에 쥐었다. 산둥반도에는 장보고가 세운 신라인들을 위한 사찰 '법화원'도 있었다.

이것만 보아도 얼마나 활발하게 교역을 했는지 알 수 있고, "세계 속의 신라, 신라 속의 세계"를 실감할 수 있다.

경주는 그저 문화재가 많은 수학여행 도시가 아니다. 당대의 세계적인 도시들과 어깨를 나란히 했던 자랑스러운 국제도시다. 전 세계적으로 유례가 없는 천년왕국의 수도로서의 경주를 새롭게 인식할 필요가 있다.

우리의 화려한 문화유산에 무한한 자부심과 자긍심만큼이나 경주에 대해서도 웅대한 비전을 가져보면 어떨까? 그리스 아테네, 이탈리아 로마처럼 연간 3,000만 명 이상의 관광객이 찾는 관광도시로 만들어보는 것이다. 지금은 코로나19로 여행이 잠시 중단되었지만, 언젠가는 고대 한국의 찬란한 국제도시 경주의 진가를 전 세계에 보여줄 수 있을 것이다. 엘리자베스 여왕이 방문했던 수려한 도시 안동을 비롯해, 천혜의 자연경관이 펼쳐진 울릉도와 아름다운 한국의 섬 독도까지 함께 둘러볼 수 있다면 이 황홀한 여행코스는 전 세계인에게 큰 감동을 줄 수 있다. 외국인들은 경주에서 감탄하고, 안동에서 감동하고, 이국적인 울릉도에 반하고, 매우 특별한 독도에서 '엄지 척'을 할 것이다.

대륙을 활주한 고구려 개마무사

우리에게 고구려는 어떤 의미일까? 고구려는 한반도 북부와 만주에 걸친 광활한 대륙을 차지하며 대제국을 이루었다. 예나 지금이나, 고구려는 한국인에게 커다란 자긍심을 준다. 고구려가 이처럼 대륙을 호령하며 강대국이 된 배경에 '개마무사(鎧馬武士)'가 있었다. 개마무사는 일종의 철갑기병으로 갑옷 입은 말에 탄 기사다.

일반적으로 말을 타는 기사는 갑옷을 입지만, 말에게도 갑옷을 입히는 경우는 거의 없다. 그런 면에서 개마무사는 매우 독특하다. 특히 전쟁에 나갔을 때 말이 부상을 당하면 아무리 뛰어난 기사라 해도 맥을 못 추는데, 말도 갑옷으로 중무장한다는 것은 대단히 혁신적인 발상이다.

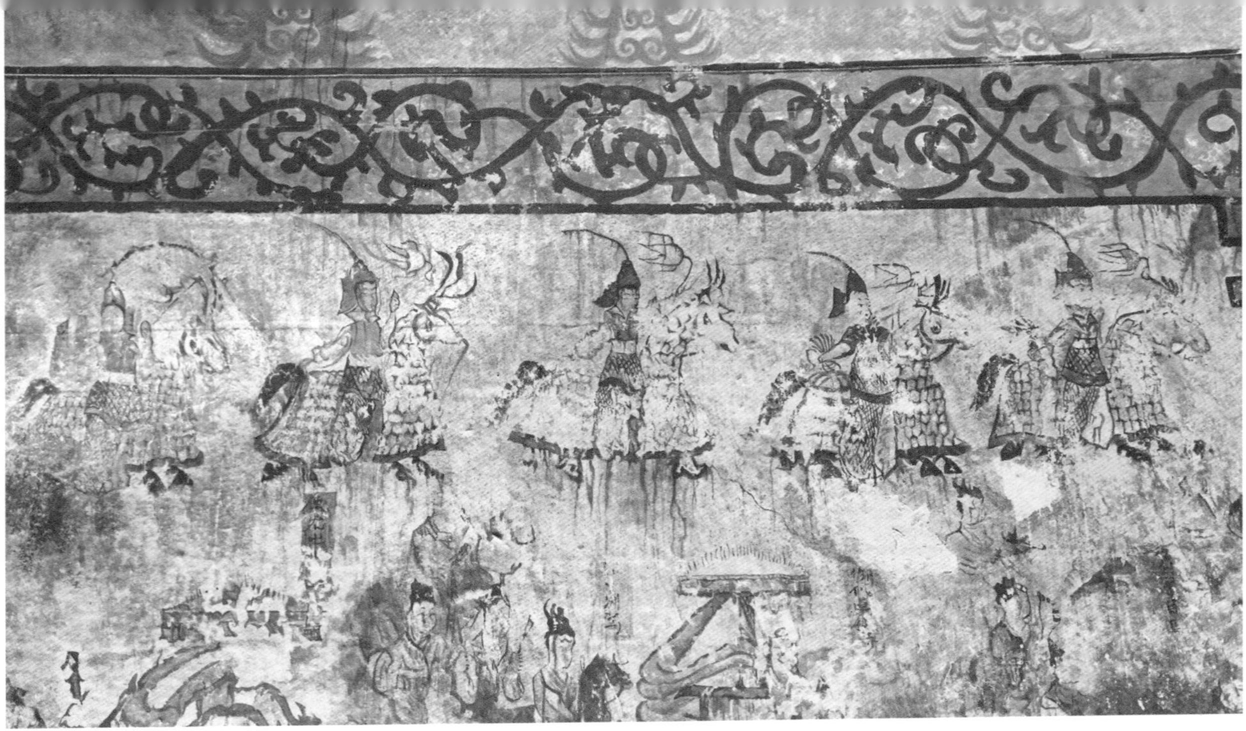

덕흥리 벽화고분 개마무사 행렬도

동이족의 제철기술이 고구려의 화려한 철기문화로

그런데 여기서 중요한 것은 따로 있다. 말에 갑옷을 입히겠다는 생각은 할 수 있더라도, 이를 실행에 옮기기 위해서는 철기 문명이 고도로 발달되어 있어야만 한다. 그리고 그만한 경제력이 뒷받침되지 않으면, 개마무사를 구현한다는 것은 결코 쉬운 일이 아니다.

《삼국사기》〈고구려 본기〉에 동천왕은 "보기병(步騎兵) 2만 명을 인솔하여 비류수 위쪽에서 방어하며 적 3,000명을 죽였다. 철기병(鐵騎兵)인 개마무사 5,000명을 인솔하여 적을 토벌했다."는 기록이 나온다. 이는 당대 위용을 자랑했던 위나라를 고구려 병사들이 격파한 사건이었다. 시기적으로는 3세기경의 일이다. 대륙을 호령한 고구려의 기상은 지금 어디에 있는가?

그렇다면 여기서 개마무사 5,000명에게 필요한 철의 양은 어느 정도일까? 과학저술가이자 공학박사인 이종호 작가의 설명에 의하면, 개마무사 1인당 말 갑옷에 최소 40kg, 장병 갑옷에 20kg, 기타 장비에 10kg을 착용한다 해도 최소한 70kg의 철이 소요된다. 병사 5,000명을 무장시키려면 350톤의 철이 필요하고, 예비량까지 감안하면 최소한 500여 톤이 필요하다는 말이다. 이 정도의 양은 고도의 철제 생산기술이 없다면 절대 만들어질 수 없는 불가능에 가까운 양이라는 것이 전문가들의 지적이다.[4]

고구려의 화려한 철기문화를 엿볼 수 있는 대목이다. 이처럼 철을 다루는 우리 선현들의 기술은 고조선으로 거슬러 올라간다. 특히 강철을 다루는 것은 더욱 높은 수준의 기술이 필요하다. 중국

한나라 허신의 《설문해자》를 보면 '철(鐵)'의 옛 글자를 '철(銕)'이라고 했는데 이는 '동이족(夷)의 쇠붙이(金)'라는 의미로 해석한다. 중국에서 청동기문화를 주도했던 것은 주로 동이족으로 알려져 있는데, 철기문화 역시 동이족이 주도했다는 증거가 바로 이 글자, '銕(철)' 아닐까? 동이족이 살았던 한반도와 발해연안 북부, 요동반도에는 철기시대 유적이 굉장히 많이 발굴되고 있다.

대표적인 것이 평양 강동군 송석리 석관무덤에서 발견된 쇠거울이다. 기원전 12세기경에 만들어진 것으로 지름 15cm, 두께 0.5cm의 쇠거울이다. 철을 정말 섬세하게 다루었음을 보여주는 유물이다. 사실 선철에서 강철을 얻는 제련, 제철기술이 유럽에서 14세기에 개발된 것을 감안하면 고조선의 제철기술은 고개가 숙여질 정도로 위대한 것이다. 이러한 DNA가 우리에게도 고스란히 전해져 바로 대한민국 주력 산업 중 하나인 철강산업이 된 것 아닐까? 선현들의 뛰어난 제철기술은 고조선에서 고구려로 이어지고, 현대에 철강 산업으로 전해지고 있다. 서양보다 훨씬 앞선 우리의 제철기술에 자부심이 가져야 할 것이다.

그리고 우리는 대륙을 거침없이 활주했던 고구려의 정신을 회복해야 한다. 현대판 개마무사는 경제, 과학, 문화 등 다방면에서 선한 영향력을 끼치는 신한류의 모습으로 전 세계를 호령할 것이다. 고구려의 기백과 기개를 이어받은 후손이니 어려울 것이 없다.

대한민국의 6배, 드넓은 만주벌판을 호령한 우리 역사 발해

우리 역사에서 그다지 관심을 받지 못한 나라 중 하나가 바로 발해다. 국사 수업에서는 '대조영이 세운 국가' 정도만 배우고 지나가 버려서 우리 역사임에도 다들 아는 바가 별로 없는 듯하다. 어찌 보면 창피한 일이 아닐 수 없다. 더 심각한 것은 발해가 엄연한 우리나라 역사임에도 불구하고, 유럽의 한 역사 사이트에서 "발해는 중국 역사이며, 발해를 건국한 대조영은 말갈인"이라는 주장을 게재하는 사태까지 벌어졌다.[5] 그야말로 발해가 국내에서는 외면받고, 해외에서는 중국의 역사로 인식될 우려가 있는 매우 심각한 상황이다.

발해는 과연 5,000년 우리 역사에서 어떤 의미를 가질까? 발해는 대조영이 698년에 세운 국가로 고구려 유민이 지배계급이었다. 고구려를 계승한 국가이기에 신라와 당나라를 견제한 반면, 왜와는 친밀한 관계를 유지했다고 전해진다. 일본의 역사책인 《유취국사》(일본 나라와 헤이안 시대에 편찬된 정사들인 육국사의 내용을 검색이 쉽도록 항목별로 분류하여 재편집한 사서)와 《속일본기》(일본 율령시대의 정사인 육국사 중 하나로 헤이안 시대 초기인 797년에 편찬된 사서)에 '발해는 고구려의 옛 땅에 세운 나라'라고 기록되어 있다.

이러한 역사적 배경을 가진 발해는 고구려를 기본으로 당나라, 신라, 말갈의 문화를 혼합해 매우 독특한 문화를 형성해 나갔다. 마지막 수도인 상경에서 발견된 돌사자상, 발해 석등, 그리고 막새기와 등은 고스란히 고구려를 계승한 흔적이다. 또 발해 유적지에서 온돌이 발굴되었는데, 온돌문화 역시 중국에는 없는 한민족 고유의 생활양식이다. 그러니 발해는 누가 봐도 자명한 우리 역사인 것이다.

한편 발해 문왕은 신라, 당과 화해하고 교류하기도 했다. 산둥반도에 발해 사신이 머무는 숙소인 '발해관'이 지어졌고, 발해에서 신라로 가는 육로인 '신라도'가 생기며 활발한 외교활동을 전개했다. 그리고 선왕에 이르러서는 영토를 최대로 넓혔다. 그러면서 중앙에 3성 6부를 두고 전국을 정치, 경제, 문화의 중심지인 5경을 중심으로 15부, 62주로 나눈 행정구역을 완성했다. 바깥으로는 당, 신라, 거란, 일본 등과 활발하게 교류하고 무역하며 전성기를 구가했다. 드넓은 만주벌판을 호령하며 거침없이 나아간 우리의 자랑스러운 역사다.

우리나라 역사에서 옛 고구려의 영토를 회복한 유일한 국가가 바로 '발해'다. 발해와 동시대의 신라, 이후 고려, 조선은 고구려 영토를 회복하지 못한 나라들이다. 때문에 고구려 멸망 이후로 잃어버린 만주 땅에서 우리 역사의 맥을 이은 발해는 그만큼 소중하다. 지금 그 땅이 우리나라 땅이라면 얼마나 좋을까 하는 생각이 머릿속을 늘 떠나지 않는다. 발해의 영토는 고구려 영토의 1.5~2배 정도였고, 이는 한반도의 3배, 대한민국의 6배 정도다. 지금 대한민국의 6배에 해당하는 영토가 있다면 우리의 삶은 어떻게 바뀌었을까?

중국은 9세기에 이렇게 번성했던 발해를 '해동성국(바다 동쪽의 전성기를 맞이한 나라)'이라고 불렀다. 발해는 또 스스로 천손임을 자처하고 독자적인 연호를 제정하여 사용했고, 만주와 한반도 북부에 걸쳐 안정된 정치와 수준 높은 문화로 무려 220년간 국가를 이어 갔다.

조선 후기 실학자 유득공이 발해의 역사를 기록한 역사서《발해 고》를 보면 발해가 고구려를 계승한 후계라는 것이 명확히 나온다. 또 발해의 영토를 우리의 고토로 인식했으며, 발해와 신라가 공존 한 시기를 '남북국'으로 칭할 것을 제안했다. 고려의 태조 왕건은 발해 유민을 수용했고, 발해를 멸망시킨 거란을 배척했다. 거란 사 신이 보낸 낙타 50마리를 개경 만부교에 묶어서 굶겨 죽인 일화도 있을 정도였다. 그만큼 고려인들은 고구려를 계승한 발해를 위하 는 태도가 남달랐다.

어떤가? 발해가 여전히 존재감이 없는 국가인가? 발해는 고구려 의 정신을 계승하고 당, 신라, 왜, 거란과 국제관계의 균형을 잡으 며 광활한 영토를 누볐다. 이러한 발해의 역사를 우리가 외면해서 는 안 될 것이다. 학교 교육부터 바로잡아야 한다. 국사 시간에 발 해를 그저 그런 나라로 소개하며 짧게 스쳐 지나가서는 안 된다. 거침없이 세계와 교류하고 독자적인 연호를 사용한 발해의 기상과 자부심을 배워야 한다. 물론 발해가 모든 면에서 다 뛰어났다는 것 은 아니지만, 그 흥망성쇠의 과정에서도 배울 것은 배우고 고칠 것 은 고쳐야 한다. 독자 여러분도 고구려와 발해의 웅대한 기상과 에 너지를 느껴보면 좋겠다.

한 가지 더 기억할 것이 있다. 바로 연해주다. 광주 광산구 월곡동에 '고려인 문화관 결'이라는 곳이 있다. 발해의 강역이었던 연해주는 아직도 발해 유물이 계속 발굴되고 있는데, 사실 역사적으로는 강제이주의 아픔을 간직한 땅이기도 하다(1937년 중일전쟁 이후 러시아의 스탈린은 연해주에 있던 한인들을 중앙아시아로 강제 이주시켰다). '고려인 문화관 결'에 가보면 연해주에서 고려인들이 어떤 항일운동을 이어갔는지, 강제이주를 당한 그들의 삶이 어떠했는지도 느낄 수 있을 것이다.

원조 기술 한류, 백제를 찾아서

여러분은 '삼국시대' 나라 중 어느 나라가 가장 먼저 떠오르는가? 많은 사람이 고구려나 신라를 먼저 떠올린다. 기마민족의 기상을 지니고 대륙을 호령한 고구려! 국제도시로서 활발히 교류하며 화려한 문화를 꽃피운 신라! 그런데 세 나라 중 하나인 백제는 약간 소홀히 여기는 감이 없지 않다. 국사 교과서에서도 다소 비중이 적은 듯하고, 별 특색이 없는 국가로 인식되는 것 같기도 하다. 사실 백제는 서울을 수도로 삼았던 한반도의 중심국가였는데도 '별로 중요하지 않은 국가'(?) 정도의 느낌이다(백제의 수도는 한성(서울)에서 웅진(공주)으로, 그리고 사비(부여)로 이어졌다).

정말 백제는 그저 그런 국가였을까? 천만의 말씀이다! 백제는 다양한 분야에 걸쳐 일본에 엄청난 영향을 준 대표적인 국가다. 한 나라가 다른 나라에 이토록 크고 깊은 영향을 준 사례는 흔치 않다.

2001년 12월 아키히토 당시 천왕은 생일에 즈음하여 궁전에서 기자회견을 가졌다. 일본 역사서《속일본기》에는 간무천왕의 어머니(고야신립)가 백제 무령왕의 후손이라고 씌여 있어 한국과의 인연을 느끼고 있다고 말한 것이다. 이는 '일왕이 백제의 후손이라는 점을 밝혔다'는 점에서 의의가 크다.

"백제의 것이 아니면 최고가 아니다."

그뿐 아니라 일본 곳곳에 백제의 흔적이 있다. 일본 규슈 미야자키현 난고손은 백제마을로 불리며 마을 수호신 역시 백제의 '정가왕'이다. 오사카에는 19세기까지 백제군, 백제촌이라는 행정지명이 존재했다.

나라현 아스카 히노쿠마 마을에는 '오미아시 신사'가 있는데, 이곳은 방직기술을 전해주고 토목공사 등에 기여한 백제 장인들을 기리는 곳이다. 히노쿠마 마을은 백제에서 온 아지사주(阿智使主)가 살았던 곳으로 전하는데, 오미아시 신사가 그를 제신(祭神)으로 섬기는 것이다. 그런데 아지사주는 일본의 역사책《일본서기》에 나올 정도로 중요한 인물이라고 한다. 책에 나온 내용에 따르면 아지사주는 409년에 아들 도가사주(都加使主)와 함께 17현의 무리를 이끌고 건너왔고, 일본에 정착해 '야마토노아야(東漢) 씨'라는 새로운 씨족을 이뤘다고 한다.[6] 그들은 원조 기술 한류로 백제의 앞선 기술을 일본에 전해준 장인이었다.

　일본어 중 '쿠다라'라는 단어는 '백제'를 칭하는 말이다. 그런데 관용어 중에 '쿠다라나이'라는 말이 있다. 이것은 무슨 뜻일까? 일본어 '나이'는 '아니다'의 뜻이므로, '쿠다라나이'는 '백제가 아니다'라는 뜻이다. 그런데 일본 사람들이 '쿠다라나이'를 '최고의 품질이 아닌 제품'에 쓴다고 한다. "백제의 것이 아니면 최고가 아니다."라는 의미다. 그 정도로 과거 일본 사람들은 백제의 제품과 기술을 최고로 인정했다. 일본이 고대국가의 기틀을 완성한 시기가 아스카 시대(550~710년)인데, 백제는 이 아스카 문화에 매우 큰 영향을 주었다.

　백제가 일본 왜왕에게 전해준 '칠지도'는 일본의 국가 보물이며, 백제 음악은 일본 음악사에도 결정적 영향을 끼쳤다. 《일본서기》를 보면 백제가 일본의 요청으로 음악인을 파견했다는 기록이 있다. 백제인 미마지가 귀화해 사쿠라이 지역에 살며, 소년들에게 기악무를 가르쳤다는 내용도 나온다. 이는 7세기 고대 한류의 시작이었다고 볼 수 있다. 그뿐 아니라 백제인들의 복식이 처음 일본에 상륙했을 때 일본 사람들은 너도나도 백제 패션을 따라 하느라 바빴다는 기록도 전해진다. 교토산업대 고대사연구소장인 이노우에 미쓰오 교수는 한 인터뷰에서 "백제인들은 모든 분야에서 일본을 눈부시게 발전시켰다. 백제인과 백제 문화가 백제로부터 일본으로 건너오지 않았다면 일본 고대 문화는 적어도 100년 이상 뒤졌을 것이 틀림없다."[7]

전 세계를 놀라게 한 백제 장인들의 기술력

　백제에서 또한 빼놓을 수 없는 것은 바로 '장인'이다. 백제의 장인들은 뛰어난 기술로 일본은 물론이고 신라에도 많은 영향을 주었다. 특히 백제 '금동대향로'는 화려한 금속공예 기술의 결정판이다. 금동대향로는 높이 61.8cm, 몸체 지름 19cm, 무게 11.85kg인데, 예술성과 기술력에서 당대 최고로 인정받고 있다.

　금속공예뿐 아니라 건축물에 있어서도 신라의 황룡사 9층 목탑은 백제 장인 아비지에 의해 세워졌다. 일종의 기술제휴였던 셈이다. 무려 1,400년 전에 80m 목조건물을 다루는 고도의 기술을 보유했다는 것이다. 현존하는 동아시아 최고(最古)이자 최대(最大) 석탑인 '미륵사지 석탑' 역시 백제 무왕 때 만들어진 것으로 마치 돌을 나무처럼 정교하고 섬세하게 다룬 작품이다. 예나 지금이나 한국인의 섬세한 손재주는 전 세계를 놀라게 하고 있다.

　전 세계 최장수 기업으로도 유명한 곤고구미라는 회사가 있다. 목조건축공사를 하는 일본 회사인데, 578년도에 설립되어 2000년 파산할 때까지 무려 1,428년의 유구한 역사를 쓴 회사다. 그런데 이곳이 유중광을 비롯한 백제 장인들에 의해 설립된 회사라고 한다. 매우 뿌듯한 일이다.

　조선왕조 500년보다 긴 700년의 역사를 지닌 백제는 조선보다도 먼저 '한성'을 수도로 삼아 나라를 다스렸고, 일본에 탁월한 기술과 문화를 전파했다. 또 기업경영에 있어서 중요한 '장인정신'의 원조가 백제 아닌가? 그런데 우리는 이러한 백제의 웅장함과 화려함, 장인정신을 너무나도 피상적으로 바라본다. 백제가 얼마나 대단한 나라인지 그 화려함과 웅장함은 구체적으로 알려고 하지 않고, 그저 '의자왕과 삼천궁녀?' 정도만 이야기하는 수준이 무척 안타깝다.[8]

자랑스러운 백제를 조롱 섞인 이야기로 깎아내리고 볼품없는 국가로 전락시킨 것은 대체 누구인가? 남이 아니라 바로 우리 스스로가 그런 것이다. 왜 우리가 우리 역사를 격하시키고 우롱하는가? 어처구니없는 일이다. 지금부터라도 잃어버린 백제왕국의 혼을 세심하게 배우고 자부심을 갖자.

외국인 관료를 등용한 고려

지금의 대한민국도 외교, 행정 등에 좋은 제도와 조직력을 가지고 있지만, 우리 역사상 지금이 가장 수승한가라는 질문에 대답하기는 조금 망설여지는 면도 있다. 대표적으로 개방국가를 표명한 고려왕조는 각종 제도 측면에서 상당히 선진적이었다. 특히 외국인을 국가의 인사 담당 관료로 앉힌 국가가 바로 고려다.

학창시절을 돌이켜보자. 국사 시간에 "고려시대 과거제도는 쌍기의 건의에 의해서…"라고 달달 외운 기억이 있을 것이다. 그런데 '쌍기'가 누구일까? 어느 나라 사람인지 독자 여러분은 아는가? 쌍기는 한국인이 아니라 외국인(중국인)이다. 바로 1,000년 전인 10세기 고려 광종 때 외국인에 대해 이처럼 개방적이고 능동적인 자세를 취하고 있었다.

자, 그렇다면 약 1,000년 후인 21세기 대한민국을 보자. 청와대와 중앙부처에 외국인 관료가 존재하는가? 벌써 10세기에 외국인 관료를 영입했던 고려의 지혜가 왜 21세기 대한민국에는 없을까?

그와 함께 참으로 이상한 점이 또 있다. 외국에서 한국인 교포 2세 또는 3세가 장관이나 의원이 되면 모든 언론이 집중 조명한다. 우리는 외국인을 관료로 기용하지 않으면서 왜 남의 나라 이야기에는 그렇게 열광할까? 일례로 한국계 입양인 플뢰르 펠르랭이 프랑스 문화부 장관에 임용되었을 때 그녀는 우리나라 언론으로부터 많은 주목을 받았다. 당연히 너무 자랑스럽고 좋은 일이긴 하지만, 한편으로는 사람들이 이런 보도를 보면서 "역시 선진국은 달라도 다르네." 하는 생각을 하는 듯해 씁쓸하다.

1,000년 전 고려는 엄청나게 개방적인 나라였고 선진국이었다. 2021년 7월 UN무역개발회의(UNCTAD)는 한국을 개발도상국 그룹 A에서 선진국 그룹 B로 지위를 변경했다. 선진국으로 지위가 격상된 것은 참으로 축하할 일이지만 한 가지 알아둘 것이 있다. 우리가 후진국이었다가 선진국이 된 것이 아니다. 조선 중기 이전까지 계속 선진국이었다가 후진국으로 잠깐 밀려났고, 그리고 다시 원래의 선진국 자리로 복귀한 것뿐이다.

어쨌거나 우리는 정작 외국인을 관료로 임명하지 않으면서 다른 나라에서 한국인의 피가 흐르는 사람이 관료가 되었다고 대서특필하는 모습은 매우 모순적이고 폐쇄적인 현상이다. 이런 일이 21세기 대한민국에서 벌어지고 있고, 1,000년 전 고려의 국정철학(개방성, 세계화)과 비교해봐도 한참 뒤떨어졌다. 지금 대한민국에는 훌륭한 외국인들이 많고 여러 방면에서 활발하게 활동하고 있다. 그리고 누구보다 한국을 좋아하고 사랑하는 외국인도 많다. 앞으로 더 많은 외국인에게 대한민국의 발전을 위해 중요한 역할을 할 기회를 주어야 한다. 장관을 비롯한 고위관료 등 지도층 자리를 다양하게 제공할 수 있다면 외국인들에게 한국은 기회의 땅이자 신명의 나라가 될 것이다. 그리고 국제사회에서 한국의 국격도 달라질 것이다. 그뿐 아니다. 남녀평등의 측면에서도 고려 때는 서류부가혼(婿留婦家婚, 결혼 후에 남편이 아내의 집에 머물고 사는 것)이 있었으며, 혼례는 신부 집에서 이루어졌다. 남성들의 처가살이가 당연하고 익숙한 분위기였다. 더욱 놀라운 것은 고려시대 여성들은 호주가 될 수 있었다는 점이다. 우리는 2008년이 되어서야 부계 위주의 호주제를 폐지했으니, 남녀평등에 관해서도 지금의 대한민국이 고려보다 뒤떨어졌던 것이다.

이처럼 우리 선현들의 제도와 철학에서 여전히 배울 것이 많다. 잘한 것은 잘한 것대로 배우고, 불합리한 제도는 반면교사 삼아 전철을 밟지 않으면 된다. 그러니 옛날 것은 무조건 고리타분하고 들여다볼 가치조차 없다고 생각해서는 안 될 것이다. 앞으로는 개방성이 더더욱 중요해진다. 국정운영은 물론이고 국제사회와 연대와 협력을 할 때도 개방성이 기본자세여야 한다. 이것은 달리 말해 국부창출을 위한 핵심 중의 핵심인 것이다. 기업경영도 마찬가지다. 오픈 이노베이션(open innovation)을 잘 구사하는 기업만이 미래에 승자가 된다. 오픈 이노베이션이란 연구개발, 생산, 영업, 물류에 이르기까지 경영의 모든 영역에서 외부업체와 협력하고, 파트너십을 가지며, 과감하게 국내외업체를 인수합병 하면서 글로벌 경쟁력을 높이는 것이다. 그런 기업만이 시장지배력을 키울 수 있고, 글로벌 기업으로 커나갈 수 있다. 개방과 협력, 그리고 다양성(diversity)은 미래에 더욱 중요한 가치가 될 것이고 개인, 기업, 국가의 운명을 바꿔놓을 것이다.

해외에서 활약한 우리 영웅들

고구려 유민인 고선지 장군은 아버지 고사계처럼 당나라에서 군인이 되었다. 당시 당나라는 토번(중국 당, 송 시대의 티베트족) 정벌을 시도했으나 패전을 거듭하던 중이었다. 고선지 장군은 747년 당나라 황제의 명을 받아 토번 정벌군의 총사령관이 되어 세계의 지붕이라 불리는 파미르고원뿐 아니라, 알프스(해발 2,500m)보다 더 험난한 힌두쿠시산맥의 탄구령(해발 4,600m)을 넘어 토번을 정벌하는 전대미문의 승리를 거두었다.

고선지 장군의 토번 정벌로 중앙아시아를 포함해 그 서쪽 지역에 있던 72개국이 당에 조공하는 상황으로 국제정세가 완전히 바뀌었고, 당나라는 실크로드를 장악하게 된 것이다. 《구당서》〈고선지전)에는 "이 원정 이후 서방 72개국이 당나라에 항복해왔다."고 기록되어 있다. 고선지 장군이 당대에 얼마나 대단한 활약을 했는지 짐작할 수 있는 대목이다.

특히 둔황(敦煌) 문서를 발굴한 영국 고고학자 마크 오렐 스타인 (Mark Aurel Stein)은 고선지 장군이 한니발, 나폴레옹보다 뛰어나다고 칭송했다. 왜냐하면 고선지 장군은 한니발이나 나폴레옹이 알프스를 넘은 것보다도 훨씬 더 험난한 힌두쿠시 준령을 넘었고, 또 알프스를 왕복했기 때문이라는 것이다.

또 중앙아시아 역사학의 최고 권위자인 미국 크리스토퍼 벡위드 (Christopher I. Beckwith) 교수는 실크로드에서 가장 중요한 인물로 고선지 장군을 꼽기도 했다. 힌두쿠시를 넘은 '동방의 알렉산더'라는 별명이 그냥 붙여진 것이 아니다.

한니발, 나폴레옹 뛰어넘는 고선지 장군

고선지 장군은 비록 타국에서 온갖 견제와 질시를 받았지만, 그런 상황에서도 고구려인의 기상을 마음껏 발휘했다. 기록에 의하면 용모가 아름답고 말을 잘 탔으며, 활쏘기도 뛰어났다고 한다. 용맹하고 결단력 있는 인물로 기록되어 있다. 또 《구당서》〈고선지전〉을 보면 "고선지는 자신의 재산을 두루 나누어주기를 잘했기 때문에 사람들이 그의 말을 따르지 않는 자가 없었다."라고 기록되어 있다.

이후 고선지 장군에게 매우 뼈아픈 사건이 벌어진다. 세계사에 있어서도 매우 중요한 탈라스(Talas) 전투에서 패배한 것이다. 당시 석국(수, 당 시대의 타슈켄트)의 왕이 당나라에 볼모로 잡혀 왔다가 죽게 되었는데, 그 일로 아랍권의 분노가 폭발했고 역사상 처음으로 중국과 이슬람이 전쟁을 치른 것이 바로 탈라스 전투다. 이 전쟁에 패배한 당나라는 더 이상 서쪽으로 진출하지 못하게 되었고, 전쟁에서 패한 후 중국이 독점하고 있던 제지술이 이슬람 문화권으로 전파되어 유럽까지 퍼져나가게 되었다고 한다. 이 전투에서 고선지 장군은 수적 열세와 내부 반란 등이 겹치면서 패하고, 그 이후 안사의 난에서 모함을 받아 참수당하고 만다. 억울한 죽음으로 파란만장한 삶을 마무리한 것이다.

탈라스 전투가 세계사에 중요한 사건으로 여겨지는 이유는, 바로 포로가 된 기술자들이 서역문명 발전에 기여하게 되었다는 점이다. 탈라스 전투에서 포로로 잡힌 사람들 중에 종이, 화약, 나침반 등을 만드는 기술자가 포함되어 있었다. 이들로 인해 그 기술들이 서역으로 전해지게 되었고, 이슬람을 넘어 유럽까지 전해졌다는 것이다.

특히 그중에서도 종이의 보급은 유럽 문명의 발전에 지대한 공헌을 했다. 탈라스 전투는 '동서문명의 교류'에 있어서 매우 중요한 사건이었고, 그 중심에 고선지 장군이 있었던 것이다. 그래서 고선지 장군의 일대기를 쓴 연세대 역사문화학과 지배선 교수의 저서 제목이 《유럽문명의 아버지, 고선지 평전》이다.

한국 사람 중에 프랑스 사람인 나폴레옹을 모르는 사람은 없을 것이다. 하지만 고구려 유민인 고선지 장군을 모르는 사람은 아마도 수두룩할 것이다. 우리나라에서 고선지 장군을 연구하는 사람은 또 얼마나 있을까? 세계사의 흐름을 바꾸고 실크로드 역사를 좌지우지한 인물이 우리 고구려 사람인데도 별로 관심들이 없는 듯하다. 그리고 고선지 장군에 대해 학교에서도 제대로 가르쳐주지 않는다. 왜 우리는 고선지 장군에 대해 이토록 모르고 살았을까?

고선지 장군은 고구려의 후손으로서 동서양 문명 교류에 핵심적인 역할을 한 주인공이었다. 우리가 배워야 할 점이 또 있다. 바로 모험을 두려워하지 않은 리더십이다. 불가능하다고 생각되었던 원정을 승리로 이끌어낸 그의 위대한 면모 속에는 고구려의 힘찬 기상이 느껴진다.

어찌 보면 고선지 장군은 당나라에서 태어났기에 요즘으로 치면 '중국교포'인 셈이다. 고선지 장군의 용맹스러운 삶은 800만 명에 이르는 우리 해외교포에게도, 그리고 대한민국 5,000만 국민에게도 거침없는 삶을 살아가라고 용기를 불어넣어 주는 듯하다. 지금 이 순간에도 전 세계 많은 나라에서 국위를 선양하고 있는 재외동포 여러분께 박수를 보낸다. 한국인 최초로 미연방의원이 된 김창준 의원, 세계은행 12대 총재에 오른 김용 총재를 비롯하여 많은 분들이 대한민국을 빛내주고 있다. 아일랜드 이민자 출신이었던 케네디 대통령처럼 한국계 미국 대통령이 탄생하는 모습도 꿈꿔본다.

국제무역을 주도한 '항해술의 천재' 장보고

개척정신과 도전정신은 한 사람의 인생에서 운명을 바꾸는 매우 중요한 마음자세다. 이러한 마음가짐은 개인의 삶뿐만 아니라 국가나 기업의 명운도 좌우된다. 그런 면에서 해상왕 장보고는 우리에게 깊은 감동과 교훈을 준다.

장보고는 신라의 평민으로 태어났다. 어려서부터 활을 잘 쏜다고 해 이름도 '궁복(弓福)'이라 불렸다. 하지만 신분이 낮았던 장보고는 신라 골품제 사회에서 자신이 성공할 가능성이 낮다고 생각해 과감하게 당나라로 가서 군인이 되어야겠다고 결심한다. 이는 장보고의 삶을 바꾼 결정적 선택이었다. 그는 자신에게 주어진 상황이나 환경에 대해 한탄만 하고 있지 않았다. 오히려 그 상황을 극복하기 위해 적극적으로 방법을 찾아 나선 것이다. '흙수저'로 태어났지만 내 힘으로 '금수저'가 되리라고 결심했고, 그것을 실천으로 옮겼다. 이러한 결심과 도전이 없었더라면 그는 그저 평민으로 그럭저럭 살아가며 평생 한탄만 했을지도 모른다.

말타기 등 무예에 출중했던 장보고는 당나라에서 무령군 소장의 직급까지 올랐다. 하지만 당에서 신라인이 해적에게 붙잡혀 노예로 팔리는 모습에 큰 충격을 받고, 다시 신라로 돌아온다. 이후 흥덕왕을 찾아가 해적을 토벌하기 위해 군사 1만 명을 얻어서 '청해진대사'로서 바다를 누비며 해적을 소탕한다.

이후 장보고는 국제적인 해상무역가로 변신한다. 청해진을 중심으로 당, 일본, 신라 그리고 더 나아가 서역에 이르기까지 무역활동을 활발하게 전개해 해양 실크로드를 구축한다. 이러한 장보고의 해상활동에는 신라의 조선술과 장보고가 거느린 항해사들의 뛰어난 항해술이 한몫했다. 동서교역사의 권위자 휴 클라크(Hugh

Clark) 교수는 완도에서 개최된 장보고 해양경영사 국제심포지엄에서 "지형과 해류 등을 잘 이용한 장보고는 항해술의 천재"라고 말했다. 주일미국대사를 역임하기도 한 미국의 동아시아 전문가 에드윈 오 라이샤워(Edwin O Reischauer) 하버드대 교수 역시 장보고를 일컬어 "9세기 신라인들의 해상활동의 중심축이며, 당, 일본, 신라에 걸쳐 해상상업제국의 무역왕"이라고 칭송했다.

또한 장보고는 당나라에 머물던 시절에 앞서 말한 산둥반도의 법화원을 건립했으며, 지금도 법화원에 가보면 장보고의 흔적을 확인할 수 있다. 당대의 국제적인 거물이었기에, 그는 중국 《신당서》의 〈동이전〉, 〈신라전〉을 비롯해 일본 천태종 고승이 쓴 《입당구법순례기》, 《일본후기》, 《일본속기》에도 등장하는 그야말로 세계적인 인물이다.

지금으로부터 1,200년 전 해상을 호령한 위대한 장보고! 참으로 자랑스러운 한국인이다. 1,200년 전 장보고가 보여준 기개와 개척정신은 우리 후손들, 특히 청년들에게 많은 울림을 주고 있다. "상황을 한탄하지 말고 주어진 상황을 새롭게 만들어라!" 하는 도전정신과 개척정신은 모든 이에게 희망을 준다.

나아가 장보고는 우리에게 '해양강국'으로서의 원대한 꿈과 비전을 가지라고 독려한다. 동원그룹 사옥에 가면 세계지도를 거꾸로 뒤집은 '거꾸로 세계전도'를 볼 수 있는데, 동원그룹 김재철 회장의 철학과 정신이 거기에 담겨 있다. 세계지도를 거꾸로 뒤집어보면 대한민국이 전 세계 한복판에 있다. 세계의 중심에 대한민국이 있고, 대한민국을 둘러싼 바다가 드넓게 펼쳐진다. 이것이 바로 대한민국이 해양강국으로 거듭나야 하는 이유이고, 삼면이 바다인 대한민국이 새로운 국부창출을 위해 전개해가야 할 청사진이다. 우리는 내륙국가가 아니니 땅덩어리가 작다고 아쉬워할 필요가 없다. 대한민국은 드넓은 해양국가이기 때문이다.

이처럼 우리 선현들은 세계와 교류하며 번영을 일구어갔다. 늘 당대 최고를 지향했고, 역동적인 에너지로 광활한 영토를 지배했다. 고구려의 기마정신, 백제의 장인정신, 신라의 화랑정신을 이어받아 우리도 '세계 속의 한국, 한국 속의 세계'를 더욱 확장시켜가야 할 것이다.

'문화유산'이라고 하면 어떤 단어들이 생각나는가? 일반적으로 보존, 계승, 전통 같은 단어가 떠오를 것이다. 문화유산을 보존, 계승하는 차원을 넘어서 이제는 완전히 새롭게 접근해야 한다.

기업은 신사업을 구상하거나 신제품을 준비할 때 트렌드 분석, 동종업계 경쟁기업 분석, 그리고 자사 경쟁력 분석 등을 한다. 그런데 이러한 전반적인 분석과 결과도출 과정에 '문화유산'이라는 요소가 배제된다. '문화유산'에 대해 단편적으로만 접근하기 때문이다. 주로 문화유산을 관련 기관이나 단체에 후원하는 '비용'으로 생각하지, 문화유산의 접목과 활용이 회사에 돈을 벌어주는 '수익'이 된다고 생각하지는 않는다. 그러한 생각의 틀을 갖기가 쉽지 않다.

우리는 정신부국이자 고대부터 대단한 문명국이었기에 우리가 가진 찬란한 문화유산을 통해 새로운 국부창출의 시대를 열어갈 수 있다. 그것이 바로 '컬처노믹스'이고, 이는 문명국만이 가질 수 있는 특권이다.

5

문화유산, 새로운 국부창출의 보고

갤럭시폰에 고인돌 문화를 심자

전 세계 200여 국가의 세계기록문화유산, 세계인류무형유산 보유 순위를 아는가? 한국은 몇 위일까? 필자가 수많은 강연에서 이 질문을 했을 때 맞히는 사람은 극히 드물었다. 놀라지 마시라. 한국은 3~5위권으로 전 세계 톱 수준이다.

1960년대에는 아프리카 가나보다도 1인당 국민소득이 낮았던 나라에서 이제 세계 10위 안에 드는 부국이 되었다. 그것도 놀랍고 대단한데, 우리의 정신 문화유산(기록문화유산, 인류무형문화유산)은 이미 세계 3~5위권이라는 것이다.

이처럼 반만년의 찬란한 정신 문화유산은 세계 최고임에도 불구하고 거의 방치되고 있는 듯하다. 이제 우리의 문화유산을 기업경영에 접목해 경영혁신과 미래 성장동력으로 만들어야 한다. 기업의 제품과 브랜드에 우리 문화와 정신, 역사 스토리를 심어 세계에 알릴 기회가 무궁무진하게 많다.

하늘을 돌에 새긴 천문학의 결정판

삼성전자의 스마트폰 브랜드 갤럭시를 예로 들어보자. 전 세계 고객들은 '갤럭시'라는 스마트폰 브랜드를 어떻게 인지하고 있을까? 많은 경우에 '갤럭시'로 인지하기보다는 S9, S10, Z플립 3 등의 제품모델명으로 인지한다. 이러한 제품모델명은 애플 등 다른 스마트폰 모델명과 사용형태가 유사하다. 삼성 스마트폰을 사용하면서 한국의 정신 문화유산과 얼을 느끼는 국내외 고객들은 아마도 없을 것이다.

그렇다면 갤럭시에 우리 문화유산의 스토리와 의미를 부여할 수 있을까? 필자는 고인돌을 제안하고 싶다. '고인돌'과 '갤럭시'가 무슨 상관이 있느냐고 묻고 싶을 것이다. 아무런 상관이 없어 보이지만 실은 밀접하게 연결되어 있다.

우리나라가 전 세계에서 고인돌을 가장 많이 보유하고 있는 고인돌 왕국이라는 사실을 아는가? 고인돌은 문명 진화와 계급분화의 표상으로서 저 아득한 고조선 시대로부터 내려온 거석문화(巨石文化)의 유물이다. 그런데 고인돌을 가만히 보면 고인돌 표면에 구멍이 있다. 이것이 무엇을 의미할까?

고인돌에 있는 구멍들은 풍화작용 등 자연현상에 의해서 만들어

천상열차분야지도(국보 제228호)

진 것이 아니다. 구멍에는 심오한 의미가 담겨 있는데, 구멍들은 다름 아닌 '별자리'를 의미한다. 그만큼 우리 선현들은 수천 년 전에 이미 천문, 우주에 대해 매우 해박했다. 평범한 돌에 아무렇게나 구멍을 파놓은 것처럼 보이는 고인돌이, 놀라울 정도로 정확하게 별자리를 표시하고 있는 '성좌도(星座圖)'인 것이다. 하늘을 돌에 새긴 천문학의 결정판이라고 할 수 있다.

그리고 이처럼 찬란한 천문 연구의 역사는 조선의 '천상열차분야지도'로 이어진다. 잠깐 1만 원짜리 지폐를 꺼내 보자. 1만 원권 뒷면에 그려져 있는 별자리들이 '천상열차분야지도'다. 이는 세계에서 두 번째로 오래된 천문도이다. 우리는 참으로 별을 좋아하는 민족이 아닌가 싶다. 군대에서 장성이 되거나, 회사에서 임원이 되면 소위 '별'을 달았다고 표현한다. 그리고 우리나라의 대표적인 두 기업의 이름에도 별이 들어간다. '삼성(三星)' 그리고 '금성'(金星, 지금의 LG) 말이다(여담이지만, 그토록 별을 사랑하는 민족임에도 우주 산업에서 강국이 되지 못한 것은 두고두고 마음 아플 일이다).

천문에 대한 우리 선현들의 이해 수준은 수천 년에 걸쳐 세계 최고 수준이었다. 심지어 놀이에도 고스란히 담았다. 바로 윷놀이판이다. 윷놀이판은 북두칠성의 동서남북(7×4=28) 구조다(하늘의 별자리 28수를 뜻하기도 한다). 놀이판에도 우주의 원리를 새겨놓았다는 것이 놀랍고 신기하지 않은가? 미국의 유명한 민속인류학자 스튜어트 컬린(Stewart Culin)은 《한국의 놀이》라는 책에서 "한국의 윷놀이는 전 세계에 걸쳐 존재하는 수많은 놀이의 원형이고, 심오한 철학과 우주관을 담은 놀이"라며 극찬했다.

기능경쟁을 뛰어넘어 정신적, 문화적 의미와 격조까지

갤럭시 스마트폰에 우리의 고인돌 문화와 앞선 천문 지식 등을 스토리로 녹여 넣어보면 어떨까? 수준 높은 정신문화의 속성들이 제품에 투영된다면 삼성 스마트폰은 누구도 모방할 수 없는 명품이 될 것이다. 기능경쟁을 뛰어넘어 정신적, 문화적 의미와 격조까지 담아낸다면 다음과 같은 3가지 효과를 기대해볼 수 있다.

첫 번째는 독특함과 차별화로 매출의 질(質)이 달라진다. 이제 고객들은 단순히 기능이 좋다고 해서 제품을 구입하지는 않는다. '제품(product)'이 아니라 제품과 브랜드가 지닌 '철학(philosophy)'을 사고 싶어 한다. 독특한 가치, 의미가 있어야만 지갑을 연다. 철학이 투영된 제품으로 갤럭시의 철학을 사고 싶어 하는 팬덤을 만들어야 한다. 단순한 기능경쟁으로는 독보적인 지위에 올라설 수 없다.

만약 앞서 제안한 것처럼 갤럭시 스마트폰에 고인돌에 새겨진 우리 선현의 고대철학을 접목해본다면, 우주 만물의 이치인 조화와 균형, 인류애라는 정신과 철학을 투영시킬 수 있다. 이러한 철학을 우주의 섭리가 담긴 태극기와 연계할 수 있으니 금상첨화다.

전 세계 국기 중에서 우주의 섭리를 담은 국기는 아마 태극기가 유일하지 않을까? 태극 문양을 디자인에 활용할 수 있을 것이다. 루이비통의 남성복 부문 수석 디자이너 버질 아블로는 한 인터뷰에서 "다양한 나라의 국기에서 디자인 영감을 받는데, 그중 태극기를 가장 좋아한다."고 말했을 정도다.[1] 이러한 철학이 신제품 개발부터 마케팅에 이르기까지 곳곳에 녹아든다면 갤럭시라는 브랜드가 제대로 빛을 발하게 될 것이다.

아울러 이제는 제품의 철학이 고객 자신의 정체성(Identity)을 근사하게 드러나게 해준다. 지하철이나 버스에서 갤럭시폰을 사용할 때 주변 사람들에게 '나는 인류애와 우주의 섭리에 관심 있는 격조 높은 사람'이라는 것을 보여줄 수 있으면 얼마나 좋을까? 마치 예전에 지하철에서 영문 잡지인 〈타임〉이나 〈이코노미스트〉를 들고 다니는 것이 '나는 꽤 지적인 사람'이라는 것을 표현했던 것처럼.

제품에 철학을 심으면 고객이 아닌 팬덤이 생긴다. 팬덤은 마치 팝스타들의 팬들처럼 갤럭시의 다음 모델을 늘 기다릴 것이다. 갤럭시의 철학을 사랑하는 팬이기 때문이다. 또 제품모델명도, 번호를 사용하는 타사를 따라 할 필요가 없다. 오히려 S9, S10처럼 애플(아이폰12)을 따라 할 것이 아니라 북극성, 북두칠성 등 별자리 및 천문, 우주 관련 용어를 모델명으로 사용하면 재미있지 않을까? 이를 통해 해외 고객들의 호기심도 자극하고, 차별화할 수도 있다. 애플이 결코 모방할 수 없는 갤럭시만의 콘텐츠를 가지고 스토리를 전개할 수도 있다. 고인돌, 천문대국, 찬란한 문화유산 등의 스토리텔링은 갤럭시만의 차별화 요소가 된다.

정신부국 한국을 다시 보게 만드는 계기

두 번째로는 우리 문화유산을 제품에 녹여서 전 세계에 알리는 쾌거를 거둘 수 있다. 전 세계 고객들은 삼성 갤럭시 제품을 사용하면서 한국이 반만년의 유구한 역사를 지닌 문명국이자 정신부국이라는 사실에 매우 놀랄 것이다. 많은 외국인이 한국을 100년 정도 된 신생국가로 안다. '고조선'이라는 우리의 최초 국가를 알리고, 고인돌 최강국이라는 사실과 고인들에 깃든 의미를 알릴 수 있다. 어쩌면 전 세계인이 갤럭시 스마트폰으로 윷놀이를 즐기고, 더 나아가 삼성이 주최하는 '전 세계 모바일 윷놀이 대회'도 일종의 e-스포츠 경기처럼 해볼 수 있지 않겠는가? 우리의 전통놀이가 전 세계 갤럭시 고객들을 묶어주는 장(場)이 될 수도 있다. 갤럭시 브랜드가 지향하는 가치가 한국의 찬란한 역사적 전통과 맞물리며, 외국인에게 한국이라는 나라를 다시 보게 하는 계기가 된다. 우리 역시 위대한 고대철학과 고매한 정신문화를 다시 기억해 낼 것이다.

세 번째로 우리나라의 위대한 문화유산과 정신에 대해 지구촌 사람들이 인지하면 제품 구입을 뛰어넘어, 한국에 대한 관심이 커지고, K팝, K드라마, K뮤지컬을 사랑하게 되며 결국 한국 관광에 대한 새로운 수요가 창출된다. 이제까지 해외관광객들이 상대적으로 덜 방문했던 고인돌 문화유적지 강화, 고창, 화순 등이 새롭게 관광명소로 부상할 것이다. 당연히 프로그램이나 시설 등 관광의 질도 좋아질 것이다. 특히 문명국을 경험해본 역사가 없는 외국 관광객에게는 그야말로 잊을 수 없는 독특한 경험을 줄 수 있다. 이를 통해 지역경제도 활성화시킬 수 있다. 그러면 기업은 고차원적으로 지역경제 활성화에 공헌하는 셈이다. 이런 것이 새로운 차원의 CSR(Corporate Social Responsibility, 기업의 사회적 책임)이다. 왜냐하면 일반적인 CSR은 일회성의 직접적인 현금지원인 경우가 많은데,

그러한 것과는 차원이 다른 활동을 전개할 수 있기 때문이다.

그런데 만약 강화, 고창, 화순에 삼성전자가 문화유산 보존 차원에서 고인돌 지역축제에 후원금을 주는 형태라면 '문화유산=비용'이 된다. 그리고 매년 예산을 잡고 지출해야 한다. 그러나 문화유산이 경영혁신의 중요 요소라는 관점을 갖게 되면 비용 지출이 아니라 오히려 갤럭시 스마트폰의 매출이 증가하고 팬덤까지 생겨난다. 지역축제에 후원금을 지출하지 않아도 강화, 고창, 화순에 외국인 관광객을 증대시켜주니 이 얼마나 획기적인가?

아울러 이런 선순환은 우리 국민 모두에게도 매우 각별한 의미를 줄 수 있다. 우리 문화에 대한 자긍심과 자부심을 심어줄 수 있고, 국격 제고에도 크게 이바지할 수 있다. 이처럼 이제 기업에서는 문화유산에 대해 새롭게 접근해야 한다. 우리가 문명국이기에 할 수 있는 것을 찾아보고 실행해볼 수 있다. 문명국이 아니면 하고 싶어도 할 수가 없지 않은가?

기업경영에 문화유산을 입히면 제품은 명품으로 거듭나고, 해당 산업경제만 성장하는 게 아니라 연관된 관광, 놀이 등 서비스 산업에도 파급효과를 준다. 마치 해가 떠올라 온 세상을 환히 비추듯, 이러한 접근은 새로운 경제적·사회적 가치 창출의 플랫폼이 된다. 그래서 문화유산은 보존과 관리의 수준이 아닌 혁신과 성장에 입혀야 할 우리의 귀한 보고(寶庫)다.

미래에서 온 종이, 한지로드를 펼쳐라

세계 최초의 목판인쇄물인 《무구정광대다라니경》의 발견은 그야말로 드라마 그 자체이다. 1966년 경주 불국사 석가탑 해체공사를 하던 중 2층 탑신부에서 전혀 예상치 못한 유물이 나왔다. 바로 《무구정광대다라니경》이다. 《무구정광대다라니경》은 8세기에 제작되었는데, 1,300년 전 목판인쇄된 '종이'가 고스란히 석가탑 속에서 숨 쉬고 있던 것이다. 1,000년 이상 버티는 종이가 아니었으면 《무구정광대다라니경》은 영영 발견할 수 없었을 것이다. 그렇다면 이 놀라운 종이의 정체는 과연 무엇일까? 바로 우리의 찬란한 문화유산인 '한지(韓紙)'다. 《조선왕조실록》을 비롯한 찬란한 우리의 기록물들 또한 '한지'가 있었기에 보존될 수 있었고, 세계기록문화유산으로도 등재될 수 있었다.

2017년 프랑스 루브르 박물관은 바이에른 막시앙 2세 책상의 자물쇠 손상 부위를 복원하는 데 한지를 사용했다. 그리고 이탈리아에서는 카르툴라(Chartula, 프란체스코 성인이 직접 쓴 기도문이 기록된 종이) 복원에 한지를 사용했고, 교황 요한 23세 지구본 복원에도 장력이 우수하고 곡면에서 주름이 잡히지 않는 한지를 선정했다. 한지의 진가는 전 세계로 퍼지고 있으며 외국인들도 한지의 우수성에 감탄 일색이다. 기존에 문화재 복원에 많이 쓰였던 종이는 일본 '화지(和紙)'다.

그렇다면 왜 한지가 이처럼 세계적으로 주목받게 되었을까? 이는 탁월한 소재와 독특한 가공기술 때문이다. 한지는 리그닌(lignin)과 홀로-셀룰로오스(holo-cellulose) 성분이 함유된 닥나무를 사용하는데, 여기에 천연재료인 잿물을 사용하여 변질되지 않고 열화되지 않는 중성지 속성을 띄는 것이 큰 특징이다. 또한 '외발뜨기'를 통해 닥섬유가 우물 정(井)자 모양으로 서로 얽혀 질기고 강하다. 그리고 '도침'이라 불리는 독특한 표면처리기술을 통해 지질(紙質)이 치밀하고, 광택이 난다. 이처럼 수많은 공정을 거쳐야 1장의 한지가 완성된다. 그래서 장인의 손을 99번 거친 후에 사용자에게 넘어간다는 의미로 백지(百紙)라고도 불린다. 그만큼 고도의 기술이 요구되는 우리의 자랑스런 '전통과학'인 것이다.

중국에서도 경전이나 역대 제왕의 전적을 기록할 때는 고급종이인 한지를 사용했다. 《계림유사》, 《고반여사》 등에는 "고려지(한지)는 희고 단단하고 윤택이 날뿐더러, 글을 쓰면 먹이 잘 먹어 좋은데, 이것은 중국에 없는 진기한 것"이라고 격찬하고 있다. 이처럼 전 세계에서 각광받는 한지가 정작 종주국인 우리나라에서는 어떤 대접을 받고 있는가? 한지가 지닌 위대함을 칭송하기는커녕 "아니! 종이가 뭐 이렇게 비싸냐?"라는 공격을 받기 일쑤다.

이제 한지를 잠에서 깨워 '한지로드'의 청사진을 만들어야 할 것이다. 세계 최고의 품질과 기술력을 가진 한지를 지구촌 77억 인구에게 알리고 활용할 수 있도록 해야 한다. 벽지, 단열재를 비롯한 인테리어 자재로도 가능할 것이고 패션, 의류도 접목시킬 수 있을 것이다. 고기능, 친환경, 웰빙의 아이콘으로서 자동차, 의료, 전자 산업 등 다양한 분야 산업소재로 확장시킨다면 어떨까? 우리의 오래된 전통이 인류의 미래가 되는 커다란 사건이다. 특히 전 세계는 치열한 소재 전쟁 중이다. 한지는 저탄소, 친환경 시대에 걸맞은 소재 혁명의 주인공이 될 수 있다. 최근 경영계의 화두인 ESG(Environmental, Social, Governance)에도 도입해볼 여지가 충분하다. 친환경, 고기능성의 한지를 산업으로 키워볼 절호의 기회가 아닌가?

그리고 한지가 소재로 쓰인 완성제품 표면에는 '한지 인사이드(Hanji Inside)' 마크를 찍어서 제품의 격을 한층 높여야 한다. 국부창출의 기회는 바로 이러한 전통과학에 숨어 있다. 지금 당장 우리 회사 제품에 한지를 소재로 접목시킬 부분을 찾아보고 적용해보면 어떨까? 여러분의 제품에 우리의 오랜 문화유산 한지 스토리를 입혀보면 어떨까? 전 세계 산업현장에서 '한지'를 필요로 하는 기업들이 넘쳐나고, 한지의 도시 전주, 문경에서부터 전 세계로 뻗어나가는 '한지로드'가 완성될 것이다.

혼일강리도와 디지털 대항해 시대

미국 스미스소니언협회에서 기획한 《그레이트 맵스(Great maps)》라는 책에 '혼일강리역대국도지도(混一疆理歷代國都之圖, 이하 강리도)'가 위대한 지도 중 하나로 소개되어 있다. 이 말을 들은 한국인 대부분은 이런 반응을 보일 것이다. "어? 국사 시간에 얼핏 외웠던 그 지도를 말하는 것인가? 그 지도가 그렇게 위대한 것이었어?" 그런데 이 지도에 담긴 역사적 사실은 그야말로 놀라움 그 자체다. 아프리카 희망봉을 최초로 발견한 시기가 언제일까? 또 그것을 발견한 나라가 어디일까? 우선 강리도에 대한 이야기를 조금 더 해보자.

《그레이트 맵스》에 소개된 내용을 잠시 보면 "항해가 가능한 희망봉 해역이 그려져 있고, 아프리카는 당시 어떤 서양의 지도보다 더욱 정확하게 그려져 있다. 이것은 실제로 아시아의 항해가들이 (서양인보다 먼저) 아프리카 대륙을 빙 둘러 항해했음을 말해준다."라고 되어 있다.

또한 노스캐롤라이나의 레이크노만 고교에서는 "조선이 만든 걸작(masterpiece)으로 아프리카 및 유라시아를 그리고 있으며, 이는 당시의 세계 전체를 표현하고 있다."고 가르치고 있다. 서양의 역사서, 전시관, 백과사전, 강의실 등 수많은 곳에서 강리도가 소개되며 찬사가 이어지고 있다.

역사학계를 큰 충격에 빠트린 이유는?

그렇다면 강리도는 왜 이렇게 전 세계인의 주목을 받는 것일까? 상상할 수 없는 초유의 일이기 때문이다. 1402년도에 제작된 강리도는 가로 168cm, 세로 148cm 크기로 당대 최고(最高) 수준의 세계지도였다. 아시아는 물론이고 아프리카, 아랍, 유럽, 인도 등이 그려져 있다. 유럽의 지명 100여 개, 아프리카 지명이 35개 정도가 표기되어 있고, 사하라사막과 나일강도 나온다. 포르투갈 리스본은 서울과 같은 위도에 위치해 있다. 그 당시에 어떻게 이처럼 상세하고 정확하게 지도를 그릴 수 있었을지가 참으로 불가사의한 일이라고 전문가들은 입을 모은다. 현재 원본은 임진왜란으로 소실되었고 사본이 일본 류코쿠대학 등에 소장되어 있다.

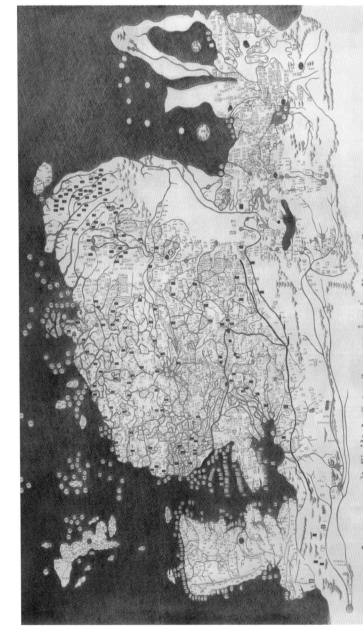

강리도에 표기된 내용은 역사학계를 큰 충격에 빠뜨렸는데, 세계를 아연실색하게 만든 결정적인 것은 제작연도다. 1402년에 제작된 지도에 아프리카 희망봉이 정확하게 나와 있다! 그런데 서양에서 신대륙 발견의 신호탄인 아프리카 최남단 희망봉을 발견한 것은 1488년 포르투갈 항해가 바르톨로메우 디아스(Bartolomeu Dias)다. 희망봉을 발견했다는 것은 서양에서 굉장한 사건이었는데, 디아스가 희망봉을 발견하기 80년 전에 이미 강리도에 희망봉이 표기되어 있었던 것이다. 그러니 전 세계 역사학계와 지리학계가 발칵 뒤집힐 수밖에 없는 것이다. 갓 쓰고 도포 입은 선비들의 대단한 업적이 아닐 수 없다.

이렇게 전 세계가 현존 세계 최고(最古)의 지도인 강리도를 격찬하고 있는 상황인데, 정작 종주국인 한국에서는 그 가치에 대해 제대로 알리지 않는 듯해 안타깝다. 그냥 '강리도라는 것이 있나 봐' 하는 정도다. 강리도가 지니는 세계적인 가치에 자부심을 갖고 더 많이 더 널리 알려야 할 것이다.

세계에서 가장 오래된 배, 비봉리 목선

그렇다면 그 당시 우리의 조선술, 항해술은 어떠했을까? 서양인들보다 80년 전에 희망봉이 표기된 지도를 그릴 정도였다면, 스페인이나 포르투갈보다 더 뛰어난 조선술과 항해술을 가지고 있었던 것 아닐까? 이왕이면 스페인이 아니라 우리가 대항해 시대를 열었다면 어땠을까?

지금 대한민국 주력 산업 중의 하나가 조선업인데, 우리나라의 조선술은 역사적으로도 고대부터 고려, 현대에 이르기까지 세계 최고 수준이었다. 세계에서 가장 오래된 목선도 우리 것이다. 그것은 바로 2005년에 발견된 '비봉리 목선'이다.

경상남도 창녕군 비봉리에서 발견된 이 목선은 발굴 당시 고고학계에 큰 충격을 준 유물이었다. 학자들은 신석기 역사를 다시 써야 한다고 말할 정도였다. 비봉리 목선은 지금으로부터 8,000년 전에 건조되었다. 이집트의 고선박보다 3,000여 년 앞서고, 일본에서 만들어진 가장 오래된 배보다도 2,000여 년 앞서는 세계 최초의 배다. 만약 비봉지역이 '습지'가 아니었다면, 그리고 발굴팀의 노력이 없었더라면 비봉리 목선은 영원히 발견되지 못했을 수도 있다.

앞에서 신라의 해상왕 장보고 이야기도 했지만, 고려 시대 역시 해상활동이 활발했고 조선기술과 항해기술이 크게 발달했다. 고려의 조선술은 당대 최고의 수준이었다. 특히 고려 배의 우수성은 1268년 원나라와 고려연합군이 일본을 원정할 때 유감없이 발휘되었다. 중국 사서 《원사》에 의하면 "태풍을 만나 파도 때문에 서로 부딪혀 원나라 함선들은 대부분 파괴된 반면, 고려의 군함들은 견고하여 정상적으로 전투임무를 수행하고 돌아왔다."라고 나온다.

그뿐 아니다. 이 원정에 앞서 원나라는 군량미 3,000~4,000석(약 400~500톤)을 싣고 바다를 건널 수 있는 배 300척을 고려에 요구했는데, 고려는 이를 4개월 만에 뚝딱 완성했다. 13세기에 500톤을 실을 수 있는 배 300척을 4개월 만에 만드는 것이 가능했다는 말이다(한국인의 빨리빨리 기질이 여기서도 유감없이 발휘되었으리라 짐작해본다).

고려의 찬란한 조선술은 대항해 시대를 연 콜럼버스의 산타마리아호와 비교해보면 그 진면목을 알 수 있다. 콜럼버스는 처음에는 50톤급, 폭 12m의 최첨단 선박인 '캐러벨'을 요청했으나, 그 배로는 신대륙 항해를 감당하기 어렵다는 이야기를 듣고, 마침내 스페인 이사벨라 여왕의 후원으로 산타마리아호를 타고 1492년에 신대륙 발견에 나선다. 과연 산타마리아호의 선복량은 몇 톤이었을까? 놀라지 마시라. 150톤이다. 13세기 고려가 500톤급 배를 뚝딱 만들어냈는데, 200년 후인 15세기에 유럽에서 만든 배가 고작 150톤급이었다. 비교 자체가 안 될 정도다.

이처럼 찬란한 우리의 조선술은 조선시대 거북선으로 이어지고, 현대에 이르러서는 세계 조선업을 평정하는 기염을 토해냈다. 참으로 가슴 벅찬 일이다.

그런데 우리는 왜 대항해 시대를 열지 못했을까? 필자는 이 생각으로 잠을 설친 적이 한두 번이 아니다. 아프리카 희망봉을 지도에 그려 넣고, 산타마리아호보다 훨씬 큰 배를 무려 200년이나 앞서서 만든 민족인데 말이다. 만약 우리가 대항해 시대를 열었다면 세계사는 어떻게 달라졌을까? 생각만 해도 가슴이 설렌다.

블록체인으로 디지털 대항해 시대를 열자

강리도는 산업경제 측면에서도 많은 시사점을 준다. 우리 선조들은 강리도를 통해 지구의 물리적 세계(영토)를 표현하는 위대함

을 보여주었으나, 아쉽게도 아프리카 희망봉을 비롯한 신대륙발견
은 포르투갈, 스페인이 차지해 대항해 시대의 주역이 될 기회를 놓
쳤다. 그렇다면 우리는 앞으로 무엇을 구상해야 하는가? 지금 세계
는 2개의 지구가 존재한다. 하나는 물리적 영토의 '아날로그 지구'
이고, 다른 하나는 가상적 영토의 '디지털 지구'다. 선현들은 아날
로그 지구에서 물리적 영토 확장을 위한 대항해 시대를 열지 못했
지만, 후손인 우리는 디지털 지구의 신대륙 청사진을 그리며 '디지
털 대항해 시대'를 열어야 한다. 디지털 대항해를 통해 새로운 국
부를 창출하고 선도국가가 될 수 있다. 특히 기질적으로 우리와 잘
맞는 IT 분야를 선점해 디지털 대항해의 역사를 새롭게 써야 한다.

그중 집중해야 할 것이 블록체인이다. 전 세계는 디지털 국가로
급속하게 변화할 것이고 그 중심에 블록체인 기술이 있다. 우리가
블록체인의 아이콘이자 메카가 되어 핵심적인 역할을 한다면 세계
인이 선망하는 디지털 중심국가로 우뚝 설 수 있다. 전 세계에 블
록체인 국가모델을 확산시켜 나가면서 디지털 가상영토를 선점해
야 한다.

블록체인 디지털 대항해에 관해서는 발트해의 호랑이 '에스토니
아'를 눈여겨봐야 한다. 에스토니아는 인구는 한국의 2% 정도이지
만 유럽 경제자유지수, OECD EU 조세경쟁력, 세계경제포럼 선정
기업가정신, 세계은행 디지털 국가 인덱스 등에서 1위로 선정된 디
지털 강국이다. 에스토니아는 블록체인 기반 공공서비스를 구축해
대부분의 행정처리가 온라인으로 이루어진다. 상당히 편리한 데다
행정비용도 크게 절감했다.

2014년부터는 전자영주권(e-Residency) 제도를 시작해 전 세계 누구라도 인터넷으로 에스토니아 영주권을 받고 창업을 할 수 있다. 즉, 에스토니아 가상영토에서 창업할 수 있다는 것이다. 실제 인구는 130만 명이지만, 2025년까지 1,000만 명의 전자영주권 발급을 목표로 한다. 한국에는 주한 에스토니아 대사관이 없어서 서울 남대문에 전자영주권 역외수령센터까지 만들어놓았다고 하니 정말 국경을 초월한 국가 개념이 아닌가? 전자영주권을 받고 18분 만에 법인 설립을 완료한 사람도 있다고 한다.

강리도를 그린 우리 선현들의 외침이 들리는 듯하다. 블록체인의 메카가 되어 디지털 대항해 시대를 주름잡는 대한민국이 되라고 말이다.

현대의학에 충격을 준 《동의보감》

"1600년대에 항생제가 없던 당시 감염질환을 치료할 수 있었다는 것은 정말 놀라운 일이죠. 이 책은 정말 보물이 되어야 해요." 메릴랜드 대학교 의학센터 감염내과 칼파나 쉐어 울페 교수의 말이다.[2]

서양의학에 '히포크라테스'가 있었다면, 한의학에서 가장 중요한 의학서는 허준의 《동의보감》이다. 당시 《동의보감》은 중국, 일본, 베트남 등 해외에서 격찬을 받은 베스트셀러였다. 의학서로는 세계 최초로 기록문화유산으로 등재된 세계적인 의료서이자, 동양의학의 백과사전이다. 1596년 선조에 의해 시작된 《동의보감》 집필은 중간에 많은 어려움을 겪고 마침내 1610년에 완성되고, 1613년에 간행되었다. 동의보감은 왕실과 귀족을 위한 것이 아니라 일반 백성을 위한 국책사업이었던 셈이다. 총 25권의 책으로 구성되었으며, 180여 권의 의학서와 더불어 도교, 유교, 불교 서적 등이 더해져 200여 권의 책이 인용된 방대한 내용을 담았다.

특히 《동의보감》은 쉬운 한글로 쓰여졌고, 우리나라 어디서나 쉽게 구할 수 있는 약재들을 활용하고 있어 실용적이다.

의학서에는 보통 신체해부도가 나오는데, 《동의보감》 첫 부분에는 '신형장부도(身形藏府圖)'가 나온다. 이는 질병의 명칭보다 환자의 몸을 중시하는 인체관과 세계관을 보여준다. '병'을 뛰어넘어 '사람'을 보는 우주론적 개념이다. 이러한 측면에서 보면 동의보감은 의학서를 뛰어넘어 '철학서'의 성격도 지니고 있다.

한 가지 덧붙이자면, 식물을 이용해 인류가 최초로 합성한 약이 아스피린이다. 독일 바이엘 사가 버드나무에서 뽑아낸 약성으로 만든 약인데, 인류 역사상 가장 많이 팔린 약이기도 하다. 우리도 아스피린 같은 성공스토리를 만들어 세계적인 제약회사를 탄생시킬 수 있다. 우리나라에 있는 수많은 약초가 아직 제 역할을 발휘하지 못했으니 미래에 제2, 제3의 아스피린도 얼마든지 가능하지 않을까?

직지부터 반도체까지

미국 시사잡지 〈라이프〉가 지난 1,000년간 인류에 영향력을 행사한 100대 사건을 선정했는데, 1위가 무엇이었을까? 역사전문 채널인 '히스토리 채널'에서 선정한 '지난 1,000년을 빛낸 세계의 위인 100명'에서 1위를 차지한 인물은 누구였을까? 짐작되는 사건이나 사람이 있는가? 두 질문의 정답이 같은데, 바로 '구텐베르크의 금속활자 인쇄술'이다. 아이작 뉴턴, 찰스 다윈을 제치고 요하네스 구텐베르크가 당당히 1위를 차지한 것이다. 그만큼 세계사에서 인쇄문명은 어마어마한 가치를 지니고 있다.

그런데 이토록 중요한 인쇄문명을 선도한 국가가 어디인가? 바로 우리나라다. 세계 최초의 금속활자 《직지심경》이 그 주인공이다(정확한 명칭은《백운화상초록불조직지심체요절》이다). 1377년이라는 제작연도는 시험에도 자주 나오기 때문에 여러분도 기억할 것이다. 그런데 이렇게 자랑스러운 우리의《직지심경》이 한국에 없다는 것을 알고 있는가? 이러한 사실에 가슴 아파하고《직지심경》의 의미와 가치를 절절히 느끼는 사람이 별로 없는 듯해 안타깝다.

문화 독립운동가 박병선 박사의 열정

《직지심경》이야기에서 빼놓을 수 없는 중요한 인물이 있다. 이분이 없었다면《직지심경》은 세상에 나오지조차 못했을 것이다. 그 주인공은 바로 박병선 박사다. 1955년에 프랑스로 유학을 간 박병선 박사는 프랑스 국립도서관의 사서로 근무했다. 우리나라 문화재에 대한 그분의 각별한 열정과 인내가 없었더라면《직지심경》은 지금도 프랑스 국립도서관 창고에서 먼지를 잔뜩 뒤집어쓴 채 방치되어 있었을 것이다.

《직지심경》의 발견은 그야말로 한 편의 드라마다. 1886년 한불통상수호조약을 맺고, 주한대리공사인 콜랭 드 쁠랑시(Collin de Plancy)가《직지심경》을 프랑스로 가져갔다. 이후 앙리 베베르(Henri Vever)가 구입하여 소장하다가 1950년경에 파리 국립도서관에 기증한다. 박병선 박사는 창고에 있던《직지심경》를 발견했고, 온갖 어려움 속에서도 이를 알리기 위해 노력했다.

마침내 1972년 파리세계도서전에서《직지심경》이 공개되고, '구텐베르크보다 78년 앞선 금속활자본임을 학계로부터 공인받았다.

1995년 〈타임〉은 《직지심경》의 금속활자 인쇄술을 '세계 최고의 발명'으로 꼽았으며, 엘 고어 전 미국 부통령은 "한국은 금속활자 발명과 디지털 기술로 인류에 큰 선물로 주었다."고 말했다. 2001년에는 세계에서 가장 오래된 금속활자 책으로 유네스코 세계기록문화유산으로 등재되었다. 이 과정에 수많은 분의 노력이 더해졌지만, 그중에서도 문화 독립운동가 박병선 박사의 숭고한 정신을 결코 잊어서는 안 된다.

서양에서 필사본이 유행하던 시절에 우리 선현들은 그 틀을 과감히 벗어던지고, 금속활자를 만들어 인쇄문명의 문을 열었다. 여기에는 지식전파를 통해 사회를 발전시키고자 한 수승한 정신과 철학이 녹아 있다. 지식사회의 포문을 연 것이나 다름없다. 다만 보급과 상용화에 있어서 《직지심경》이 구텐베르크의 42행 성서에 밀렸던 점은 아쉬운 대목이다. 그렇지만 우리가 인류 최초의 금속활자를 만들었다는 사실에는 충분히 자부심을 가져야 할 것이다. 과거의 한국인은 패스트 팔로워가 아니라 퍼스트 무버였다.

《직지심경》은 우리에게 다시 한번 문명을 선도하는 나라가 되라고 외치고 있다. 기능이나 디자인을 조금 더 낫게 만드는 것으로는 결코 문명을 이끌어나갈 수 없다. 파괴적 혁신이 수반되어야 한다. "지금 구상하고 있는 신사업이나 신제품이 지구촌 인류사회에 어떤 기여를 할 것인가? 이것이 지구촌 인류문명을 새롭게 바꾸어 가는 역할을 할 수 있는가?" 이 질문에 확실하게 답할 수 있어야 한다. 우리는 직지의 후손이기 때문이다.

500년 실록, 270년 비서실 일지, 150년 제왕의 일기

유네스코 세계기록문화유산으로 등재된 우리의 기록물은 《조선왕조실록》, 《승정원일기》, 《일성록》, 《직지심경》, 《훈민정음》, 《고려대장경》, 《동의보감》 등이 있다. 전 세계적으로 보면 5위권이고, 일본이나 중국보다도 한참 앞서 있다. 기록문화유산에 있어서 우리나라는 가히 세계 최고수준인 셈이다.

《조선왕조실록》은 태조 이성계에서부터 철종까지 무려 472년, 17만 2,000여 일을 기록한 것으로, 세계 최대의 단일왕조 역사기록물이다. 무려 500여 년의 역사를 담았다는 사실이 정말 놀랍지 않은가? 《조선왕조실록》은 한양, 충주, 성주, 전주 등 4대 사고에 보관되어 있었다가 임진왜란으로 전주사고를 제외하고 모두 불태워졌고, 천신만고 끝에 전주사고에 있던 것이 보존되어 현재에 이르게 되었다. 이 전주사고는 안의와 손홍록이라는 두 무명 선비가 사재를 털어가며, 1년여에 걸쳐 지켜내었기에 무사할 수 있었고 이분들 덕분에 우리가 《조선왕조실록》을 만나게 된 셈이다. 당시 안의는 64세, 손홍록은 56세였다고 하니, 두 어르신이 우리의 문화유산을 지켜준 진정한 의인이다.

실록에는 정치적인 것뿐만이 아니라 경제, 주변국 정보, 천문, 음악, 사회풍습 등이 다양하게 기록되어 있어 그야말로 500년의 모습이 생생하게 담긴 전무후무한 자료이다. 특히 《조선왕조실록》은 왕도 함부로 열람할 수 없었기 때문에 사료가 매우 객관적으로 기술되었다. 그 점에서 특히 뛰어난 가치를 지니고 있다.

태종이 어느 날 사냥에 나갔다가 말에서 떨어졌다. 자존심이 상한 태종은 신하들에게 사관에게 알리지 말라고 했지만, 〈태종실록〉에는 "말을 달려 노루를 쏘다가 말에서 떨어졌으나 상하지는 않았다. 그리고 좌우를 돌아보며 말하기를 '사관이 알게 하지 말라'고 하셨다."라고 고스란히 적혀 있을 정도다. 또한 세종이 〈태종실록〉을 보려 했으나 신하들이 왕이 실록을 보면 사관들이 후환이 두려워 역사를 사실대로 기록하지 못한다며 반대했다고 한다. 참으로 멋지고 자랑스러운 일이 아닌가?

《조선왕조실록》과 더불어 우리가 자부심을 가져야 할 것은, 세계 최대의 역사기록물《승정원일기(承政院日記)》다.《승정원일기》는 지금으로 치면 청와대 비서실에 해당하는 승정원에서 쓴 일기다. 1623~1894년까지 무려 270년의 기록이다. 글자 수로 따지면 약 2억 4,000만 자에 이른다. 이 숫자는 3,990만 자의 중국 역대 왕조의 정사(正史)를 모은 《25사》의 6배이고, 5,400만 자에 달하는《조선왕조실록》보다 4배나 많다. 조선 초기부터 쓰여진《승정원일기》는 임진왜란 등으로 소실된 것이 많은데, 현재 남아 있는 것은 전체의 약 절반에 해당한다고 한다. 그 방대함은 이루 말할 수 없다. 《승정원일기》에 얼마나 풍부하고 섬세한 정보가 담겨 있는지는 만인소(萬人疏)의 사례를 보면 알 수 있다. 만인소는 정조 16년에 1만여 명이 상소를 올린 사건인데,《조선왕조실록》에는 "경상도 유생 이우 등 1만 57명이 상소했다."라고 나오고《승정원일기》에는 그 1만 57명의 이름이 모두 기록되어 있을 정도다.

또한 《승정원일기》에는 《조선왕조실록》과 마찬가지로 날씨, 기후에 대한 정보가 빼곡하게 기록되어 있다. 270년 동안 빠짐없이 날씨는 물론이고 유성 등 별에 대한 정보와 천문에 대한 내용까지 고스란히 담겨 있다. 그 활용가치가 무궁무진하지 않겠는가? 별을 좋아하는 천문대국다운 면모를 여기서도 엿볼 수 있다.

'왕의 일기'라 불리는 《일성록(日星錄)》도 놀랍다. 1760년(영조 36년)에서 1910년까지 150여 년간 왕의 동정과 국정의 제반사항을 모두 기록했다. 왕의 일기를 150년 분량이나 보유한 국가가 또 있을까? 대한민국에는 270년간 기록한 왕의 비서실 일기가 있고, 500여 년의 실록이 있다. 정말 어마어마한 기록국가가 아닐 수 없다. 워낙 분량이 방대하다 보니 전 세계 다양한 언어로 번역하려면 시간이 많이 걸리겠지만, 그래도 우리의 찬란하고 격조 높은 기록유산을 세계인에게 알리도록 해야 할 것이다.

초정밀기술의 결정판 다뉴세문경부터 반도체 대국까지

대한민국 국보 141호인 다뉴세문경을 아는가? 이것이 우리나라 주력 산업인 반도체와 관계가 있다는 것은 무슨 소리일까? 언뜻 아무 상관도 없어 보이는 두 가지가 실은 매우 밀접한 관계를 지니고 있다.

그런데 먼저 '다뉴세문경'이라는 단어 자체가 생소한 독자도 있을 것이다. 다뉴세문경은 고리가 여러 개라는 뜻의 '다뉴(多鈕)'

위] 다뉴세문경(국보 제141호) 아래] 다뉴세문경 확대

와 '세밀한 문양의 거울'이라는 뜻의 '세문경(細文鏡)'으로 이루어진 단어이다. 먼저 질문을 하나 해보겠다. 다뉴세문경의 지름은 약 20cm인데, 여기에 과연 선이 몇 개나 새겨져 있을까? 놀라지 마시라. 여기에는 0.3mm 간격의 선이 무려 1만 3,000여 개나 새겨져 있다.[3] 그야말로 2,400여 년 전 초정밀기술의 결정판이라고 할 수 있다.

그뿐 아니다. 다뉴세문경은 문양이 너무 정교해서 어떠한 기술로 주조했는지를 현대의 최첨단 장비로도 알아내지 못할 정도다. 밀랍주조법, 석제주조법 등 다양한 추측이 난무하는 가운데 여전히 수수께끼로 남아 있다. 게다가 청동합금의 비율도 경이롭다. 다뉴세문경은 구리와 주석의 비율이 65.7:34.3으로 황금비율을 지니고 있다.[4]

이뿐 아니라 한국은 중국과 달리 구리, 주석, 아연을 75:14:7의 비율로 하여 비등점이 다른 아연을 능수능란하게 사용한 '비파형 동검' 등의 청동 합금 기술에 있어서 세계 최고 경지에 올라 있었다. 다뉴세문경은 조선, 고려 시대가 아닌 아득한 '고조선' 시대의 나노기술인 셈이다. 학자들은 다뉴세문경이야말로 청동기 제작기술이 최고조에 달했을 때 최상의 황금비율로 제작한 놀라운 작품이라고 입을 모으고 있다. 색상과 반사율 면에서 최상의 조건을 갖춘 '극초정밀의 예술품'인 것이다. 마늘, 호랑이, 곰 같은 우화 이미지가 너무 강한 탓일까? 고조선이 이러한 최첨단의 기술을 가졌다는 사실을 생각하는 사람은 별로 없다.

이러한 선현들의 최첨단 나노기술 DNA는 반도체 산업으로 고스란히 이어졌다. 반도체야말로 나노기술의 정수가 아닌가. 반도체 산업에 몸담은 많은 분의 피땀 어린 노력에 2,000여 년 전부터 체화된 한국인의 정밀한 기술력이 합쳐져 이러한 눈부신 성과를 이루어낸 것이 아닐까? 현재 대한민국에는 삼성전자와 SK하이닉스를 비롯한 글로벌 반도체 기업들이 포진해 있다. 메모리 쪽에서는 세계 1위이고, 파운드리에서는 대만의 TSMC를 바짝 뒤쫓고 있다.

미국과 유럽, 중국까지 가세해 세계적으로 반도체 '신패권전쟁'이 벌어지고 있다. 이러한 상황에서 우리는 어떻게 앞으로 나아가야 할까? 자동차 경주를 보면 직선주로에서는 순위변동이 어렵다. 승부수를 던져야 할 타이밍은 바로 곡선주로다. 인공지능의 발달을 비롯해 미중 무역분쟁, 코로나19로 인한 글로벌 공급망의 재편 등 하루가 다르게 세상이 바뀌고 있는 지금이야말로 우리 기업들이 곡선주로에 놓인 상황이 아닐까? 어려운 시기는 곧 순위를 뒤집을 절호의 찬스이자 천금 같은 기회다. 아날로그 시대에 석유수출국기구, OPEC이 있었다면, '디지털 시대의 석유'라 할 수 있는 '반도체 OPEC'의 중심국은 바로 우리가 되어야 한다.

자연스러움을 만드는 기술

필자는 학창시절에 국사와 세계사를 따로따로 배웠다. 이렇게 따로 배우다 보니 총체적인 그림이 잘 안 그려졌다. 게다가 주로 암기 위주의 수업이어서 역사적 사건의 맥락과 가치, 당대 세계사에서의 의의를 곱씹어볼 여유가 없었던 것 같다. 국사와 세계사를 통합해 넘나들었다면 훨씬 더 입체적이고 흥미진진하게 공부하지 않았을까? 우리의 국사는 해외에서 '한국사'가 아니라 '세계사'라고 봐야 할 만큼 가치가 있기 때문에 더욱 그렇다.

황룡사 9층 목탑은 신라 선덕여왕 때인 643년에 제작되었다. 높이가 무려 80m에 달하는 당시 세계 최고층 목조건물이었다. 높이 80m는 요즘 아파트로 30층 높이이고, 서울 여의도에 있는 63빌딩의 절반 높이다. 1,400년 전에 타워크레인도 없이, 어떻게 그렇게 높은 건물을 지었을까? 그 높이에 감탄이 절로 나온다. 더욱이 못을 일절 사용하지 않으면서 축조해낸 작품이다. 이들의 건축기술에 깜짝 놀라지 않을 수 없다. 하지만 아쉽게도 몽골 침입 때 화재로 대부분 소실되어 복원 중이다.

참고로 현존하는 가장 오래된 목조건물은 일본 나라현에 있는 호류지 5층 목탑이다. 그런데 이것 또한 백제인들이 건너가 건립한 것이다. 일본 최초의 유네스코 문화유산이고, 일본인의 자랑 중 하나이지만 솔직히 호류지 5층 목탑(30m)과 황룡사 9층 목탑(80m)은 높이만 봐도 큰 차이가 있다.

세계 최고의 목조 기술이 ESG 경영으로 이어진다면

더 거슬러 올라가보자. 5세기 초에 지어진 고구려 대목교(대동강에 위치)는 길이가 375m, 폭이 9m로 넓은 강폭에 다리 처짐과 교각사이 간격 등이 매우 치밀하게 계산되었다. 스위스 루체른의 카펠교가 세계에서 가장 오래된 목조 다리로 알려져 있는데, 대목교는 1333년에 지어진 카펠교보다 700년 이상 앞섰고, 길이도 2배에 가깝다.[5]

이처럼 우리 선현들은 목조 기술 역시 세계 최고 수준이었다. 우리나라 대목장(大木匠, 나무를 다루어 목조건축을 하는 장인)은 세계인류무형문화유산으로 등재되어 있을 정도다. 우리나라 건설사들이 전세계를 누비며 토목(교량 등), 건축(빌딩 등), 플랜트(에너지, 발전시설 등)

등에서 크게 활약하는 모습을 보면 뿌듯하기 그지없다. 스위스에 여행을 가서 루체른의 카펠교에서 사진을 찍고 관람하는 것도 좋지만, 우리의 대목교와 대목장도 함께 기억하면 어떨까? 훨씬 많은 것을 느낄 수 있을 것이다.

그리고 목재를 잘 다루는 우리의 역사와 문화유산, 세계 최고의 스토리를 건축에 담아보면 어떨까? 건물은 무조건 철근, 콘크리트 구조라는 틀을 깨고 세계적인 목조 오피스빌딩, 목조 아파트를 지어보는 것이다(물론 화재나 붕괴의 위험은 당연히 없어야 한다) 철근, 콘크리트가 주지 못하는 목조건축만의 특별한 가치를 제공할 수 있다면 어떨까? 마치 자연을 통째로 집으로 가지고 온 듯한 느낌 말이다. 우리의 건축 미학인 '차경'을 고려하면서 건설폐기물도 줄이는, 친환경 목조건축을 시도해보는 것이다. 앞서 말한 기업의 ESG 경영이나 자원순환경제(circular economy)를 구현하는 차원에서도 의미가 있다.

SK건설도 SK에코플랜트로 회사명을 바꿨듯이 이제는 건설기업도 친환경을 향해 변모해야 한다(산업폐기물, 생활폐기물이 지구를 오염시키고 생명과 건강에 심각한 영향을 주고 있다). 목조건축으로 업무공간과 주거환경의 대전환을 선도해나간다면 비즈니스 측면에서도 상당히 파괴적인 혁신이 될 것이다. 그러한 비전은 조직 구성원들의 신명과 신기를 깨우고, 새로운 성장동력이 된다.

우리에게는 황룡사 9층 목탑과 대동강 대목교 같은 놀라운 유산이 있다. 그러한 문화적 요소는 남들은 절대 가질 수 없는 우리만의 스토리이고 경쟁력이다. 건설업의 사례를 들었지만, 다른 산업에서도 이러한 관점을 접목시킨 새로운 비즈니스를 구상해볼 수 있다. 문명을 선도하는 신사업, 신제품들이 쏟아져 나올 것이다.

인간과 자연이 함께 빚은 막사발의 미학

조선의 막사발은 겉으로 보면 아무렇게나 막 만든 것처럼 생겼다. 그래서 이름도 막사발일까? 한국인들은 막사발을 보면 대체로 촌스럽다, 초라하다, 허술하다는 반응이다.

반면에 똑같은 막사발에 대해 일본인들의 반응은 완전히 다르다. 일본에서는 이 막사발이 다기용 '이도다완'으로 국보 26호로 당당히 지정되었다. 일본 차문화의 창시자인 센노 리큐는 막사발에 대해 "찻잔 내면이 마치 작은 옹달샘과 같구나!"라며 그 자연스러움에 감탄했다고 전해진다. 그리고 조선의 막사발은 일본 무사들이 영주로부터 받는 최고의 선물이었다고 한다. 그래서 어떤 일본 도공은 '이런 그릇을 하나라도 만들면 소원이 없겠다'라고 하는 등 일본에서는 으뜸 중의 으뜸으로 자리매김했다.

일본인들은 왜 이토록 이도다완에 열광하는 것일까? 자유분방함과 자연스러움 때문이다. 여기서 일본과 한국 미학의 차이가 드러나는데, 일본은 대칭, 정교함, 비례가 중시된 완벽함을 추구한다. 반면 막사발을 보라. 그냥 보면 자칫 매우 무성의하다고 느낄 수 있을 정도다. 어딘가 모르게 아직 다 마무리가 안 된 듯한 형태여서 오해를 사기 딱 좋은 모양이다. 그러나 이 막사발에는 한국 미학의 특징이자 특유의 철학적 가치가 담겨 있다. 인위적인 것을 최대한 배제하고, 자연스러움을 추구하는 철학 말이다. 그래서 사람의 손길은 최소한만 하고 그 이후의 나머지는 자연의 손길이 빚도록 하는 형태다. 그렇다 보니 모양도 제각기이고 울퉁불퉁하다. 그야말로 자유분방함 그 자체인 것이다. 그래서 또 너무 자연스럽고 편안하다. 도공의 손길과 자연의 손길이 함께 만들어낸 작품이 바로 '막사발'인 셈이다. 자연이 조선 도공의 손길을 살짝 빌려 빚은 그릇이라니, 너무나도 근사하지 않은가?

이러한 막사발이 지닌 미적 철학에 대해 일본인들은 흠뻑 빠져들었다. 우리도 막사발을 보면서 긍정적인 호기심을 가져보면 어떨까? 왜 우리 선현은 저렇게 했을까? 어떤 이유와 의미를 담은 걸까? 세상을 보는 눈이 한층 업그레이드되고, 우리 것에 대한 긍지가 더욱 커질 것이다. 이러한 긍정적 호기심은 다른 나라의 문화나 풍습을 관찰하거나 경험할 때도 편견 없이 즐길 수 있게 해준다. 다른 나라의 문화와 풍습을 더 깊고 진하게 경험하게 되는 것이다.

유명 도공들은 다 어디로 갔을까?

우리는 고려 청자, 조선 백자를 비롯해 전 세계에서 도자기를 만든 몇 안 되는 출중한 국가였다. 그런데 왜 우리는 유명한 도공들의 이름을 전혀 모르는 걸까? 도자기를 만든 수많은 사람이 있었음에도 말이다. 경기도 광주에는 무명도공의 비만 쓸쓸히 남아 있고, 도자기 강국의 면모는 온데간데없어진 듯해 서글프다.

반면 임진왜란 때 일본은 조선의 도자기 장인들을 끌고 가 도자기 문화를 활짝 꽃피웠다. 심수관은 일본 도자기를 국제화한 최고의 조선 도공이며, 일본 신사에 모셔진 일본 백자의 창시자 이삼평 등은 일본에서 장인으로 대우받았다. 우리나라와는 차이가 나도 너무 난다. 선조들의 기술력과 손재주를 이어받았다면 우리 역시 전 세계 도자기 산업을 선도하고도 남았을 텐데, 세계적인 도자기 브랜드가 하나도 없는 것 또한 아이러니한 일이다.

덴마크 왕실 도자기로 유명한 로얄 코펜하겐은 덴마크 회사가 아니다. 영궁 왕실 도자기 웨지우드 역시 영국 회사가 아니다. 로얄 코펜하겐과 웨지우드 브랜드의 주인은 다름 아닌 핀란드의 피스카스(FISKARS)라는 회사다. 피스카스는 1649년에 설립된 핀란드의 가장 오래된 회사로 농기구를 만드는 작은 제철소에서 출발했는데, 오렌지 가위(손잡이가 오렌지색 플라스틱이어서 붙은 별칭)가 전 세계 초히트 상품이 되어 도약했고, 이후 리빙 분야로 진출하여 소위 '리빙 왕국'으로 불리는 핀란드의 국민기업이 되었다.

피스카스에 대해 알면 알수록 '우리가 했으면 더 잘했을 텐데' 하는 부러움과 안타까움이 밀려든다. 우리는 청동과 철을 다루는 놀라운 기술을 가졌고(다뉴세문경), 백자, 청자, 막사발 등 도자기 기술도 그 누구보다 뛰어났기 때문이다. 화려한 역사와 문화, 전통을 방치해둔 탓에 세계적인 리빙 그룹이 되지 못했던 것 아닐까? 무림 고수 디자이너들이 끼를 마음껏 분출할 수 있다면 믿어지지 않는 일도 벌어질 것이다.

세계 고고학계를 발칵 뒤집은 소로리 볍씨

2003년 10월 영국 BBC에 세계 고고학계를 발칵 뒤집어놓은 한 가지 발견이 방영되었다. 인류 최초의 볍씨, 청주 소로리 볍씨가 그 주인공이다. 그 전에는 중국 후난성 볍씨가 인류 최초의 볍씨로 알려져 있었다. 1만 2,000년 전 것으로 후난성 볍씨 덕분에 중국이 쌀의 기원지이자 종주국이라는 것이 정설로 굳어지던 상황이었다. 그런데 그 프로그램에서 "전세계에서 가장 오래된 쌀은 대한민국 소로리 볍씨이고, 소로리 볍씨는 중국의 후난성 볍씨보다 3,000년 앞선다."라는 내용이 방송된 것이다. 이후 콜린 렌프류(Colin Renfrew)와 폴 반(Paul Bahn)이 저술한 세계적인 고고학 개론서인 《고고학(Archaeology:Theories, Method, and Practice)》에서도 중국 후난성 볍씨를 쌀의 기원으로 표기해오다가 개정판에는 한국이 쌀의 기원지로 수정되었다.

세계 고고학계는 큰 충격에 빠질 수밖에 없었다. 전 세계인의 60%가 쌀을 주식으로 하는데, 쌀의 기원이 중국에서 한국으로 바뀌었기 때문이다. 하지만 정작 5,000만 인구 중에서 "세계에서 가장 오래된 볍씨가 있는 나라는?"이라는 질문에 "우리나라!"라고 대답하는 사람이 과연 얼마나 될까?

세계 최초의 볍씨, 소로리 볍씨라는 문화적 소재와 스토리를 어떻게 더 발전시킬 것인지 고민해보면 좋겠다. 예를 들어 볍씨의 기원지이자 쌀 종주국인 우리나라에서 인공쌀로 또 한번 세계를 깜짝 놀라게 해보면 어떨까? 새로운 농업혁명으로 기아문제 해결에 앞장선다면 인류의 난제를 풀어가는 존경받는 대한민국이 될 것이다.

잠자고 있는 고래왕국 코리아

2004년 영국 BBC의 보도로 "고래잡이 시초=노르웨이"라는 통설이 완전히 뒤집혔다. 그렇다면 누가 고래잡이의 시초일까? 바로 한국인이다.

1971년에 발굴된 울산 반구대(盤龜臺) 암각화는 7,000년 전에 그려진 것으로 추정된다. 거북이가 엎드려 있는 모습이라는 의미로 '반구대'라고 하는데, 이곳에 남겨진 암각화에는 범고래, 귀신고래, 향유고래, 새끼를 업은 고래, 사슴 뼈로 만든 작살에 맞은 고래 등 다양한 고래가 생생하게 묘사되어 있다. 또 생물분류학의 창시자인 린네의 고래 분류 단서가 거의 들어 있을 정도라고 한다. 7,000년의 세월을 무색하게 할 정도로 자세하고 구체적인 고래 백과사전이자

울주 대곡리 반구대 암각화 탁본자료

고래도감 수준이라는 것이다.

고래의 종류도 많지만, 고래를 잡는 모습도 정밀하게 그려져 있어 놀랍다. 심지어 고래를 잡고 나서 해체하는 그림도 있는데 고래를 총 14등분한 모습이 암각화에 남아 있다. 그런데 7,000년이 지난 지금도 고래를 14등분으로 해체한다는 사실을 아는가? 너무나 놀랍고 신기한 일이라 어떻게 설명을 해야 할지 모르겠다.

또 반구대 암각화에는 고래뿐 아니라 육지동물인 호랑이, 사슴, 여우, 늑대 등도 우측에 집중적으로 배치되어 있다. 그물, 작살, 배 등의 도구 그림을 통해 당시의 제조기술이 어떠했는지 파악할 수 있으며, 춤추는 주술사, 어부, 사냥꾼 등의 인물상을 엿볼 수 있다. 선사시대의 생명력 넘치는 생활상과 정신세계를 마치 TV 대형화면처럼 생생하게 보여주는 그림이다. 게다가 반구대의 위치는 비가 내려도 젖지 않는 천혜의 구조를 갖추고 있다고 한다.

이처럼 인류사의 중요한 한 장면을 담고 있는 반구대 암각화는 세계 최고(最古)일 뿐만 아니라 세계 최고(最高)를 자랑하며, 세계 고고학계와 미술사, 해양사 연구에 귀중한 사료가 되고 있다. 이것은 지구촌의 위대한 유산이자 우리가 '고래왕국'임을 상징한다.

죽기 전에 꼭 가봐야 할 곳

그러나 지금 우리 현실은 어떠한가? '고래왕국 코리아'의 위대한 콘텐츠를 가지고 있으면서도, 그 가치를 모른 채 방치하고 있는 것 아닐까? 1년 중 절반은 물에 잠겨 있는 암각화를 생각하면 만감이 교차한다. 하루빨리 암각화를 물 위로 올려야 하지 않을까? 귀중한 문화재가 손상되거나 소실되면 어쩌나 싶어 걱정이다.

7,000년 전 고래와 함께 호흡했던 고대인들에 관한 이야기를 문학작품이나 영화로 만들 수도 있지 않을까? 헤밍웨이의 《노인과 바다》처럼 인류 보편적 가치를 조명하는 스토리와 콘텐츠를 다양한 영역에서 생각해볼 수 있다.

문학이나 영화뿐 아니라 다양한 상품에도 접목시킬 수 있다. 일본에 가면 '시로이 코이비토'('하얀 연인'이라는 뜻)라는 과자가 면세점 인기상품이다. 눈을 모티브로 한 홋카이도 지방 명물과자로 시로이 코이비토 파크와 과자 공장 견학 프로그램도 있다. 이처럼 우리도 고래와 관련된 과자, 기념품 등을 만들어 외국인들이 꼭 사가야 하는 필수 쇼핑 아이템으로 만들면 어떨까? 7,000년전 세계 최초의 고래잡이 국가의 숨결을 전파할 수 있을 것이다.

비슷한 사례로 싱가포르는 그다지 길지 않은 역사임에도 '머라이언' 조각상을 대표적인 관광상품으로 만들었다. 또 리콴유 싱가포르 총리는 홍콩의 유명 영화사 쇼박스 회장인 룬머 쇼(Runme Shaw)를 초대 싱가포르 관광청 장관으로 선임하는 등 다각적인 국부창출과 관광 활성화에 심혈을 기울였다.

독일의 로렐라이 언덕은 너무나도 유명하다. 그런데 실제로 가보면 그냥 평범한 바위언덕이다. 유람선 타고 가다가 가이드가 이야기해주지 않으면 그냥 지나칠 만하다. 그렇게 평범한 곳이 어떻게 이렇게 유명한 명소가 되었을까? 그것이 바로 전설, 스토리텔링의 힘이다. 로렐라이 언덕에 비하면 울산 반구대 암각화는 비교할 수 없을 정도로 엄청난 컨텐츠가 아닌가? 이제 그 놀라운 스토리로 제대로 진검승부할 때다. 전 세계인에게 울산 반구대 암각화를 알려 '죽기 전에 꼭 가봐야 할 곳' 중 하나가 되도록 해야 한다. 또 외국인들에게 "'코리아' 하면 생각나는 것은?" 하고 물으면 "고래!"라는 답이 여기저기서 튀어나와야 한다.

수백 톤짜리 고래를 잡기 위해 망망대해를 누빈 우리 선조들의 정신을 이어받아 '고래왕국 코리아'로 거듭나고, 그 속에 담긴 콘텐츠와 스토리로 새로운 부를 창출하고 문화대국으로 나아가야 할 것이다. 아울러 '울주 대곡리 반구대 암각화'가 어서 세계문화유산에 등재되기를 소망해본다.

우리의 자연유산은 신의 한 수

외국인 친구가 여러분에게 한국의 식물과 기후에 대해 설명해달라고 하면 여러분은 어떻게 대답하겠는가? 식물? 특별히 떠오르는 것이 없다. 사계절이 있는 온대 기후라는 것 정도는 학교에서 배운 듯하다.

국가표준식물목록 자료에 따르면 우리나라 자생식물 수는 5,000여 종이라고 한다. 그냥 5,000종이라고 하면 많은지 적은지 느낌이 안 오는데, 이는 유럽 전체를 합친 것보다 많다고 한다. 조금 과장하면 '전 세계 식물백화점'이 바로 한국인 셈이다. 더 놀라운 것은 그중 2,600종은 식용이고, 또 그중 1,200종은 약초라는 사실이다.

'쑥'만 해도 우리 땅에서 나는 것은 종류도 매우 다양하고 모두 식용이거나 약초인 반면, 외국의 것은 독성이 있어 먹지 못한다고 한다. 당연히 약으로도 못 쓴다. 또 한국의 약초를 외국에 심어놓으면 쓸모없는 들풀로 변하고, 한국의 인삼이나 은행 역시 외국으로 가져가 키우면 한국산에서 발현되었던 약효가 확 낮아진다는 것이다. 도대체 왜 이런 일이 생기는 걸까?

중국의 진시황이 서복(徐福, 서불(徐市)이라고도 한다)을 비롯한 불로초 원정대를 보낸 이야기가 유명하다. 불로초를 찾아다녔던 서복은 제주도 서귀포에 들렀다가 정방폭포를 보고 감탄한 후 '서불과차(徐市過此)(서불이 이곳을 지나간다는 뜻)'라는 글자를 남겨두고 떠났다. 서귀포(西歸浦)라는 이름도 '서복이 서쪽으로 돌아간 항구'라는 의미이고, 정방폭포 옆에는 2003년에 서복 전시관이 세워졌다. 진시황이 불로초를 한반도에서 구할 정도로 흔하디흔한 우리 땅의 식물들은 그냥 쓸모없는 잡초가 아닌 것이다.

그렇다면 서복이 제주도에서 찾아낸 불로초는 과연 무엇일까? 바로 황칠나무다. 그런데 동아시아, 아메리카 등지에 약 75종이 자생하는데, 약효를 가진 것은 한국의 황칠나무뿐이라고 한다. 놀랍지 않은가? 이처럼 명품 식물이 수없이 많이 자라는 한국의 기후를 더 알아보면 흥미로운 것이 많다. 30여 년을 기자로 활동하며 전국을 다녔던 오창규 작가의 책《코리아는 다시 뜬다》에는 이런 이야기가 나온다. 우리나라는 대륙성 기후와 해양성 기후를 동시에 지닌 독특한 기후이고, 역동적인 4계절이 존재한다는 것이다.

양쯔강 고기압과 함께 봄이 오고, 북태평양 고기압으로 여름이 오며, 오호츠크해 고기압이 가을을 부르고, 시베리아 고기압이 겨울을 만들어준다.[6] 이러한 역동적인 환경에서 자라야 했기에 식물들도 외국산과는 비교가 되지 않는 약성을 가지게 된 것 아닐까?

마시는 물은 어떤가? 우리는 해외에 나가면 석회성분 등 조심할 것이 많다. 하지만 우리나라는 수돗물은 물론이고 웬만한 계곡물도 수질이 좋고 깨끗하다. 너무나도 익숙한 나머지 그 고마움과 소중함을 모른 채 마구 즐기는 것 아닌가 하는 생각도 든다.

제주도는 한라산을 비롯해 성산일출봉, 거문오름용암동굴계 등 섬 전체가 통째로 유네스코 세계자연유산이다. 2002년도에 생물권보전지역으로, 2007년도에는 세계자연유산으로, 2010년도에는 세계지질공원으로 인증을 받아 유네스코 3관왕을 차지했다. 제주도 해녀 역시 세계적인 인류무형문화유산으로 등재되었다. 전 세계적으로 여성이 중심이 된 문화유산은 해녀가 유일하다.

그뿐 아니다. 우리에게는 세계가 깜짝 놀랄 만한 곳이 또 하나 있다. 바로 'DMZ'다. 지금은 아니지만 가까운 미래에 DMZ가 세계적인 문화유산이 되는 모습을 상상해본다. 이 글을 쓰면서도 가슴이 두근거린다. 전 세계 외국 관광객들이 구름처럼 몰려드는 필수 여행지가 될 것이다.

이처럼 우리가 물려받은 천혜의 자연환경이야말로, 이 땅에서 나고 자란 우리가 가장 감사하게 여겨야 할 것이다. 그러한 자연환경과 더불어 식물, 약초, 기암괴석 등에 전래되는 이야기를 덧붙여

색다른 여행의 맛과 멋을 줄 수 있다. 단순히 크고 웅장한 문화유산을 구경하는 관광과 다르게 말이다. 생명, 건강, 웰빙, 친환경 등의 키워드는 요즘 시대에 가장 중요한 트렌드가 아닌가? 전 세계 최고의 힐링 명소로 대한민국의 자연을 전 세계에 알려야 한다. 이 좋은 곳을 우리만 즐기기에는 너무 아깝지 않은가? 고가의 힐링센터도 구상해볼 만하다. 자연체험과 명상을 즐기고 건강식의 대명사가 된 한국 음식을 먹으며, 앞선 메디컬 서비스와 한방치료까지 받을 수 있는 명소가 될 수 있다.

필자가 웰에이징(well-aging)과 관련된 컨설팅을 수행하면서 고객 회사에 알려준 곳 중 하나가 스위스의 라프레리 클리닉(Clinique La prairie)이다. 이곳은 세계적인 메디컬 웰니스 클리닉인데, 전 세계 상위 1%의 고객을 대상으로 노화방지, 세포재생 등 서비스를 제공한다. 천혜의 자연과 찬란한 문화유산이 있는 한국에 이런 VVIP 대상의 클리닉을 만들지 못할 이유가 없다. 전 세계 VVIP 고객들이 우리나라에서 좋은 경험을 하면 우리 고유의 멋을 더 널리 전파하는 역할도 해줄 것이다.

역사는 주어지는 것이 아니라 만들어가는 것이다. 우리의 꿈은 그 누구도 대신 꾸어주지 않는다. 꿈을 꾸지 않는데 무엇이, 어떻게 실현되겠는가? 그렇다면 대한민국은 미래를 위해 어떠한 꿈을 꾸어야 할까?

필자는 미래 대한민국의 원대한 꿈, '팍스코리아나(Pax Koreana)'를 제안한다. 과거 '군사영토'에서 '경제영토'로의 전환 속에서 이제는 '문화영토'에 함께 펼치는 팍스코리아나의 모습을 그려본다. 경제부국 대한민국의 국민으로서 지구촌 이웃들과 함께 번영을 이루어 나가고, 문화대국으로서 지구촌과 교류하며 서로에게 따뜻한 손길을 내미는 격조 높은 한국의 모습이 바로 그것이다.

6

팍스코리아나를 향해

미래 대한민국의 꿈, 팍스코리아나

백범 김구 선생은 "나는 우리나라가 세계에서 가장 아름다운 나라가 되기를 원한다."고 하셨다. 가장 부강한 나라도 아니고, 남의 나라를 침략하는 나라도 아니고, "오직 한없이 가지고 싶은 것은 높은 문화의 힘"이라고 하셨다. 문화의 힘은 우리 자신을 행복하게 하고 나아가 남까지 행복하게 해주기 때문이라는 것이다.

또 김구 선생은 "진정한 세계의 평화가 우리나라에서, 우리나라로 말미암아 세계에 실현되기를 원한다."고도 하셨다. 그것이 바로 우리 국조 단군의 이상인 '홍익인간'이라고 믿으면서 말이다.

역사적으로 대제국을 이룬 로마와 영국을 생각해보자. 이들은 어떻게 대제국이 되었을까? 로마는 지성으로는 그리스인, 체력적으로는 켈트족, 경제적으로는 카르타고, 기술력에서는 에트루리아인들에 비해 뒤떨어졌다. 그럼에도 지중해의 주인으로 등극하며 1,000년 제국 '팍스로마나'(Pax Romana) 시대를 펼쳤다. 영국은 어떤가? 변방의 작은 섬나라였지만, 전 세계 인구와 영토의 25%를 차지하며 '해가 지지 않는 나라'(전 세계에 식민지가 워낙 많아서 24시간 내내 영국 식민지에는 해가 떠 있다는 의미)로 '팍스브리태니카(Pax Britanica)'의 역사를 써내려갔다.

이토록 처절하게 척박한 환경 속에서 세계를 호령한 두 나라의 사례를 살펴보며 우리도 미래의 팍스코리아나의 꿈을 키워가야 할 것이다. 한 번 마음을 먹으면 끝장을 보는 집요함과 역동성을 바탕으로 신명과 신기의 에너지로 미래를 그려보자. 미래에 대한 꿈과 비전이 없으면 국가는 미래를 향해 '항해'를 하는 것이 아니라 그저 '표류'하게 될 뿐이다. 팍스코리아나 호를 타고 다음과 같은 5가지 아젠다를 향해 가자. 참고로, '팍스코리아나'의 '팍스'는 과거 식민제국의 침탈과 착취, 식민지 통치, 군사력 지배 등 제국의 의미가 전혀 아님을 명백히 밝혀둔다.

1. 국민 소득 10만 달러

고구려의 광활한 기상으로 국민소득 1인당 10만 달러를 달성해야 한다. 세계 최초로 '100-50클럽'(1인당 국민소득 10만 달러, 인구수 5,000만 명 이상)에 들어간다면 어떨까? 참고로 우리나라는 30-50클럽에 전 세계 200여 개국 중에서 7번째로 가입했다. 그렇다면 지구촌에 우리보다 앞서 국민소득 10만 달러 수준에 오른 나라들은 어떤 모습일까?

국민 1인당 연봉이 1억 원이 넘는 국가가 바로 룩셈부르크다. 룩셈부르크는 2007년에 세계 최초로 1인당 국민소득 10만 달러(약 1.1억 원)를 넘었다. 19세기에는 굶주림이 만연한 농업국가였는데 국경개방, 경제자유화 속에서 세계 최대 철강회사인 아셀로 미탈을 비롯한 철강 산업을 발전시켰고, 이후 금융 산업을 거쳐 지금은 우주 산업과 디지털 산업으로 부국이 되었다. 혁신적인 포트폴리오로 국부창출을 이어나가며 세계에서 가장 잘사는 나라로 완전히 탈바꿈한 것이다. 추이를 살펴보면, 1960년에 1인당 국민소득 2,242달러에서, 1970년에 1만 달러, 1990년에 3만 달러, 2002년에 5만 달러 그리고 2007년에 무려 10만 달러를 달성했다.

또 외교적으로 룩셈부르크는 유럽연합(EU)의 모태가 된 유럽석탄철강공동체(ECSC) 창립 멤버로 주변국과 매우 밀접한 관계를 형성해왔다. 그리고 북대서양조약기구(NATO) 회원국이기도 하다. 게다가 이베이, 아마존 등 글로벌 기업의 유럽본부가 룩셈부르크에 있다. 우리가 가야 할 미래 로드맵을 룩셈부르크가 잘 보여주고 있다.

800년간 영국 식민지였다가 1922년에 독립한 아일랜드는 이제 영국보다 더 잘사는 나라가 되었다. 아일랜드의 1인당 국민소득은 8만 달러에 육박해 가는데, 영국은 4만 달러 수준이다. 아일랜드는 어떻게 영국보다 앞서나갈 수 있었을까? 아일랜드를 보면 우리도 일본을 압도적 격차로 따돌리고 부자국가가 되었으면 하는 바람이 더욱 간절해진다. 아일랜드 수도 더블린에는 120m 높이의 '더 스파이어(The Spire)'라는 첨탑이 있는데, 1인당 국민소득이 영국보다 높아진 것을 기념하기 위해 2002년에 지은 것이다.

아일랜드 성공스토리에는 '기업 천국 아일랜드'라는 핵심 키워드가 있었다. 헤리티지재단이 발표하는 경제자유지수에서 아일랜드는 2020년에 6위를 차지했고, 계속 톱 순위를 유지해오고 있다. 기업에 천국인 여러 이유가 있는데 그중 하나를 꼽자면 1981년 47%였던 법인세를 12.5%로 점진적으로 낮추어 전 세계 최저 수준이라는 점이다. 그러다 보니 많은 기업이 찾아오고, 해외자본도 활발히 유치할 수 있어 부국으로 도약한 것이다.

이처럼 1인당 국민소득 10만 달러 국가의 특징 중 가장 두드러지는 것은 개방성과 기업 친화적인 정책이다. 특히 '개방성'은 역사적으로 보아도 국가부흥에 핵심이었다. 일본의 메이지유신만 보더라도 그렇다. 쇄국정책으로 문을 닫아버린 조선 후기와 비교하면 너무나 참담한 차이를 만들었고, 우리의 운명을 바꿨다. 가슴 아픈 역사의 교훈이다.

개방성 천국이 되어 한국을 '지구촌의 압축판'으로 만들면 어떨까? 1인당 국민소득이 아시아에서 유일하게 5만 달러가 넘는 싱가포르(앞서 말한 2020년 헤리티지재단 경제자유지수가 1위다)를 보아도 개방성은 너무나 중요하다.

그렇다면 현재 한국의 경제자유지수는 어느 정도일까? 우리나라의 경제자유지수는 24위를 기록했다. 경제규모는 10위권인데

경제자유도가 너무 뒤쳐진 듯하다. 수많은 외국인, 해외 자본, 해외 기업들이 자유로이 오가는 모습이 되려면 아직 갈 길이 멀다. 정부가 규제개혁 등으로 이러한 '환경조성'에 총력을 기울인다면 기업들도 신명의 날개를 달고 전 세계를 누빌 것이다.

특히 앞으로 4차 산업사회에는 듣도 보도 못한, 이전과는 판이한 산업과 비즈니스모델이 봇물 터지듯 생겨날 수밖에 없다. 어설프고 안이한 규제로 신성장의 싹을 도려내서는 안 될 것이다.

또 하나는 노동 문제 해결이다. 앞서 소개한 룩셈부르크, 아일랜드는 물론이고 1인당 국민소득이 5만 달러를 넘는 스웨덴 등에서는 모두 '노사정'의 합의정신이 뒷받침되고 있다. 노동생산성(근로자 1인이 1시간당 생산해낸 부가가치를 나타내는 지표) 역시 부국일수록 전 세계 톱 순위에 올라 있다. 실제로 2019년에 OECD가 36개국의 시간당 노동생산성을 분석했는데, 그 보고서에 따르면 노동생산성 1위 국가는 아일랜드(102.7달러)다. 반면 우리나라는? 40.5달러로 30위를 차지했다. 아일랜드와는 무려 2.5배나 차이가 난다. 일은 더 많이 하면서도 노동생산성은 매우 열악한 상황인 것이다. 또 헤리티지재단의 경제자유지수를 구성하는 항목인 '노동시장 자유도' 역시 2020년 전 세계에서 112위를 기록했다(2018년에는 100위였다). 노동 문제와 관련해서 산적한 문제가 많음을 방증한다.

1인당 국민소득 10만 달러를 달성하기 위해서는 각 국가와의 교류도 달라져야 한다. 서로를 존중하고 함께 번영하는 길로 나아가야 '존경받는 부자국가'가 될 수 있다. 원조받던 나라의 설움도 알고, 그리고 개발도상국의 어머니 역할도 할 수 있는 유일무이한 국가가 우리 아닌가? 전 세계 어느 나라와도 진정한 친구가 될 수 있다. 우리 본래의 어질고 선한 성품이 경제적 성장뿐 아니라 외교에도 날개를 달아줄 것이다. 그렇게 되면 전 세계 어디를 가도 외국인들이 '코리아!'를 치켜세울 것이고, 해외에 있는 800만 교포뿐만이 아니라 우리가 해외여행을 갔을 때 "I am from Korea"가 더욱 자랑스럽게 느껴질 것이다.

2. 풍요로운 사회적 자본

대한민국은 산업화와 민주화를 동시에 이뤄낸 독특한 나라다. 하지만 팍스코리아나로 더욱 힘차게 나아가기 위해서는 '사회적 자본'이라는 소프트파워를 반드시 확보해야 한다. 한 국가의 성장에 있어 물적 자본과 더불어 중요한 것이 사회적 자본이다. 사회적 자본은 신뢰, 규범, 네트워크 등으로 구성되는데, 이것이 제대로 축적되지 못하면 성장의 걸림돌이 될 수밖에 없다. 미국 정치학자이자 하버드대 교수 로버트 퍼트남은 그중에서도 '신뢰'를 사회적 자본의 중심요소라고 강조했다.

한 나라에 신뢰, 규범 등이 제대로 정착되어 있을 때 경제성장은 더 빨라지고 국민의 행복지수도 높아진다. 그러나 안타깝게도 지금 대한민국은 저신뢰사회로 전락했다. 부패와 특권 행위가 만연하고 법질서 의식이 낮다. 그러다 보니 경제성장도 둔화되고 국민들도 갈등과 불만, 박탈감으로 행복하지 않다. 한마디로 사회적 자본이 너무 척박해서 몸살을 앓는 것이다.

실제로 국제투명성기구가 발표한 부패인식지수에서 한국은 OECD국가 중 하위권이었고, 삼성경제연구소는 "한국은 1인당 GDP의 27%를 사회적 갈등관리비용으로 쓴다. 연간 최대 246조 원이며, 모든 국민이 매년 900만 원씩 사회적 갈등해소에 쓰는 셈"이라고 주장했다.[1]

갤럽의 '법질서 의식에 대한 조사'(2017년)에 따르면 한국은 전 세계에서 49위였다. 무법천지, 떼법(여론몰이를 통해 자신들에게 유리한 법안을 통과시키는 것), 유전무죄 무전유죄 등의 용어가 만연하고, 심지어 음주운전 단속에 걸리면 '법을 어겼다'는 생각보다 '오늘 운이 안 좋았다'는 안이한 의식도 곳곳에 존재한다.

예로부터 우리는 동방예의지국, 군자의 나라, 어질고 선한 사람들이 가득한 나라, 보석 같은 나라라는 칭송을 받아왔다. 그러한 인품과 정신은 온데간데없고 불신과 갈등으로 점철되어 통탄스럽다. 특히 사회지도층의 높은 윤리의식을 비롯한 노블레스 오블리주 정신은 국가의 미래에 커다란 영향을 준다.

로마에서 전쟁이 나면 귀족과 부유층이 앞장섰고, 영국은 상류층 학교인 이튼스쿨 출신 2,000여 명이 세계대전에서 전사했다. 1967년 이집트와 이스라엘의 전쟁에서 이스라엘이 승리했는데, 이집트에서는 사상자가 대부분 사병인 반면, 이스라엘은 대부분 장교였다. 또 나당연합군이 백제와의 전쟁을 치를 때 전세가 불리해지자 신라 김유신의 동생 김흠순은 아들 반굴을, 김품일은 아들

관창을 적지로 달려가게 했다. 결국 반굴과 관창은 목숨을 잃었으며 이때 관창의 나이 열여섯이었다. 이것이 계기가 되어 신라는 전쟁에서 승리했다. 아울러 신라가 삼국통일을 이룰 때 화랑정신이 매우 중요한 역할을 했다. 우리나라 사회지도층의 노블레스 오블리주 정신은 어디에 있는가?

미흡한 사회적 자본은 비단 경제성장의 걸림돌이 될 뿐만이 아니라 국민의 행복에도 심대한 영향을 준다. UN에서 발간한 2021년 세계행복보고서에 따르면 한국은 최근 3년간 평균 국가행복지수가 10점 만점에 5.85를 기록해, 전체 149개국 중 62위였다. OECD 회원국 37개국 중에는 35위다. 거의 최하위 수준이다. 하나도 행복하지 않은 나라가 경제규모 10위라는 것이 믿어지는가? 사회적 자본과 관련된 다양한 지수에서 선두권인 국가로 스웨덴, 핀란드, 덴마크 등이 있는데 이들 북유럽 국가는 1인당 국민소득이 높은 경제 선진국이면서 동시에 국가행복지수도 높다.

한국인 고유의 성품이 고스란히 유지, 계승되고 있는 것도 있지만, 한편으로는 많이 훼손되기도 했다. 도덕성과 윤리의식, 신뢰, 공동체 질서, 사회통합, 법질서 준수 등에서 여전히 미흡한 것이 있다. 하지만 그렇다고 해서 자꾸 "선진국 되려면 아직 멀었어."라든가 "한국인은 이래서 안 돼." 하며 자조하기만 해서는 안 된다. 우리의 귀한 성품들이 역사의 흐름 속에서 변질된 것이기에, 다시 본래의 '정체성'을 회복하면 된다는 자세를 가져야 할 것이다.

우리는 어떤 사람들인가? 우리가 본래 어떤 성품을 가졌는가? 앞에서 살펴본 우리 선현들의 아름다운 품성을 다시 상기해보자.

개개인의 깊은 반성이 필요하다. 누구를 비난하거나 탓할 필요도 없고, 남이 대신해줄 수 없다. 이제 우리 본래의 성품을 회복하자.

3. 숙제하지 않고 출제하는 나라

역사를 바꾼 주인공들은 남들이 하는 것을 모방하고 따라 하며 '숙제'를 한 사람이 아니었다. 새로운 세상을 열고자 하는 간절한 열망으로 문제를 '출제'한 사람들이었다. 그리고 '출제'를 한 사람들이 결국 새로운 문명, 양식, 사조, 문화를 만들어내고, 사회를 진일보시킨다.

휴대폰을 생각해보자. 많은 기업이 조금 더 나은 기능을 탑재하거나 더 작고 얇게 만드는 데 집중할 때(숙제하는 기업), 스티브 잡스는 휴대폰의 정의를 완전히 새롭게 했다(출제하는 기업). 휴대폰에 대한 문제를 새롭게 정의함으로써 우리의 생활과 문화를 완전히 뒤바꾸어 놓은 기업이 애플이다.

인류의 삶에 큰 변화를 준 애플은 시가총액 2,798조 원(2021년 10월 기준)으로 우리나라 GDP보다 많다. 숙제하는 기업이 남의 뒤를 쫓느라 전전긍긍할 때 출제하는 기업의 프리미엄을 시장에서 톡톡히 인정받는 셈이다. 삼성전자의 시가총액이 436조 원(2021년 10월 기준, 애플과 거의 6배 차이)임을 생각하면 허탈하고 분한 생각마저 든다. 우리 선현들은 전 세계적으로 필사본이 대세이던 시절에 금속활자로 인쇄문명의 서막을 열지 않았는가? 남들이 다 하는 숙제가 아니라 출제를 한 대표적인 사례다.

고구려 개마무사의 거침없는 활주, 신라인들의 활발할 해외교류, 백제 장인들의 섬세함과 높은 예술성이 지금 이 순간에도 우리 안에 잠들어 있다. 자유분방함과 주체할 수 없는 '끼'를 가지고 4차 산업혁명의 비밀병기 우뇌를 활용해 비빔밥과 같은 현란한 통섭(수많은 분야의 조화, 융합) 사고를 한다면, 한국인들은 앞으로 인류의 문화를 바꾸고 세상을 주름잡는 국가가 될 수 있다. 아직 미개봉된 우리의 매력이 너무나도 많다.

이제 숙제는 그만하고 우리의 저력을 마음껏 발휘해 출제하는 한국인으로 우뚝 솟아나야 한다. 그간 우리는 일제강점기와 6·25전쟁으로 폐허가 된 이 땅에서 다시 일어서야 했기에 숙제하기에도 바빴다. 그럴 수밖에 없었던 측면도 분명히 있다. 하지만 이제는 다음 단계로 넘어가야 할 때다.

'숙제하지 말고 출제하라'는 기업경영이나 산업계, 문화계뿐 아니라 개인의 삶에도 적용되는 명제다. 고귀한 생명을 지니고 태어난 우리 자신의 인생을 숙제하며 살 것인가, 출제하며 살 것인가? 이것은 곧 '사회적 규정의 삶을 살 것인가, 본원적 나의 삶을 살 것인가'의 문제이기도 하다. 또 조금 더 쉽게 표현하면 '복사본의 삶을 살 것인가, 원본의 삶을 살 것인가?'라고 볼 수 있다.

중요한 것은 숙제하는 삶은 '비교'가 강조되는 삶이고 '정답'을 강요당한다. 그래서 이분법적으로 승자와 패자로 나누어진다. 반면 출제하는 삶은 '다름'이 강조되기에 '정답'이 없고 모든 일에 자신만의 "왜?"가 존재한다. 일을 할 때도 "내가 왜 이 일을 하는가?"의 가치를 알기 때문에 일이 즐겁고 행복하다. 답이 없는 인생에 여러분은 숙제하는 삶과 출제하는 삶 중 어느 쪽을 택할 것인가?

고선지 장군이나 해상왕 장보고 역시 숙제의 삶이 아닌 출제의 삶을 살았다. 타고난 환경이나 조건을 거부하고 도전하고 개척했기에 오늘날의 그들이 있고 또 우리가 있다. 출제하는 삶은 개인의 인생을 의미 있게 만들어줄 뿐만 아니라 세상을 이롭게 바꿔나가는 데도 큰 역할을 한다. 이제 팍스코리아나로 나아가기 위해 우리는 모두 '출제하는 한국인'으로 다시 태어나야 한다. 단 한 번뿐인 소중한 인생을 출제하는 삶으로 아름답게 빛내야 하지 않을까?

4. 지구촌 의리의 아이콘 코리안

외국인들이 정말 좋아하고 인정하는 것이 한국인의 정이다. 이제 그 정을 비롯한 따뜻한 마음을 지구촌의 정신보물로 만들어야 한다. 한국인의 '정'을 좀 더 정교하게 표현한다면 '의리'가 아닐까 싶다. '의리'는 한국인의 성품을 더욱 잘 표현해주는 단어다. 한국인의 정, 의리를 지구촌에 퍼트린다면, 그래서 한국인의 인류애와 따뜻한 손길을 77억 지구촌 시민들에게 느끼게 한다면, 정신부국 코리아로서 더욱 존경받는 국가가 될 수 있다. 그러기 위해서는 모두가 진정한 세계시민, 지구시민(global citizen)으로 거듭나야 한다. 쉬운 방법이 하나 있다. 한국인 특유의 "우리가 남이가?" 정신을 발동시키면 된다. 그것이 바로 '의리'다.

우리는 IMF 때 전 국민이 금 모으기에 동참했고, 태안 기름 유출 사고 때 전국에서 123만 명이 자발적으로 달려와 자원봉사를 했다. 우리가 늘 해왔던 것의 반경을 조금만 넓히면 된다. 지구촌이 내 집, 지구촌 사람들이 내 이웃이라고 생각해 공동체 정신과 친절한 오지랖을 약간만 더 넓혀서 발휘하는 것이다.

지구촌 곳곳에서 수많은 문제가 얽히고설켜 이전투구 중이다. 환경문제부터 기아, 난민, 질병, 테러 등 공동체 의식을 가지고 머리를 모아 풀어야 할 것이 많다. 또 기쁜 일은 서로 응원해주고 격려해주고 공감하면서 희로애락을 함께 할 수 있다. SNS의 발달로 지구 반대편에서 일어나는 일도 실시간으로 알 수 있고 누구와도 쉽게 소통할 수 있으니 지구촌은 더욱 가까워졌다.

예를 들어 난민 문제에 관한 국제뉴스나 언론보도를 접하면 무심코 지나치는 것이 아니라, 관심을 갖고 뭔가를 해볼 수 있다. 관심은 곧 사랑이다. 예를 들어 한국의 난민 인정률이 1.5%로 매우 낮다는 사실을 알았다면, 난민인 그들은 어떻게 생활하고 있을까를 찾아보기도 하고, 무엇이 문제인지도 살펴보는 것이다. 그렇게 관심을 가지면 카페에서 친구, 동료와 아이들 교육, 재테크, 취미 얘기를 하다가 난민 이야기를 비롯한 지구촌 이슈 이야기도 해볼 수 있다. '나는 이렇게 생각하는데, 너는 저렇게 생각하는구나. 그렇다면 이런 문제를 이렇게 저렇게 해볼 수도 있지 않을까?' 하며 대화를 나누다 보면 작은 것이라도 직간접적으로 문제해결에 도움이 될 만한 아이디어를 떠올릴 수도 있고, 실천할 수 있을 것이다. 이런 모습이야말로 지구촌을 품고 사는 세계시민 한국인의 모습이고 대한민국의 품격이다. 한국인의 의리를 지구촌에 제대로 보여주자.

5. 홍익인간과 정신한류

마지막으로 팍스코리아나의 철학과 정신은 우리 역사를 관통하는 '홍익인간(弘益人間)' 정신이다. 왜 갑자기 홍익인간인가? 홍익인간은 우리의 찬란한 반만년의 역사에서 '국조 단군'의 건국사상이자 인본주의, 이타주의의 극치를 보여주는 사상이며, 대한민국 교육기본법 제2조에도 명시된 우리의 자랑스러운 교육이념이다. 교육기본법은 우리나라의 교육이념을 이렇게 밝히고 있다. "교육은 홍익인간의 이념 아래 모든 국민으로 하여금 인격을 도야하고 자주적 생활능력과 민주시민으로서 필요한 자질을 갖추게 함으로써 인간다운 삶을 영위하게 하고, 민주국가의 발전과 인류공영의 이상을 실현하는 데에 이바지하게 함을 목적으로 한다."

이처럼 홍익인간은 대한민국의 국혼(國魂)이며, 우리의 소중한 얼이자 삶의 방식과 태도다. 즉 홍익인간의 정신으로 나라를 다스리고, 국민은 홍익인간의 정신을 따라 살아야 한다는 뜻이다.

홍익인간은 '널리 인간과 세상을 이롭게 한다'는 뜻으로 이타심, 공동체 의식, 상생과 공존, 조화와 평화의 개념이 포함된다. 우리 선현들은 자본주의, 물질주의가 만연한 21세기가 아니라 이미 5,000년 전에 이러한 철학을 완성했다. 여러분에게 "앞으로 5,000년 후인 7021년(71세기)에 인류에게 어떤 일이 벌어질 것 같습니까?"라고 물으면 어떻게 답하겠는가?

세계적인 역사학자 아놀드 토인비는 한 인터뷰에서 "21세기 세계가 하나 되어 돌아가는 날이 온다면 나는 그 중심은 동북아일 것으로 믿으며, 그 핵심은 한국의 홍익인간 사상이 되어야 한다고 확신합니다."라고 말했다.[2] 노벨문학상 수상자이자 루마니아 정교회 총주교인 콘스탄트 게오르규 역시 "홍익인간 사상은 지구상에서 가장 완전한 율법이요, 가장 강력한 법률이며, 21세기를 주도할 세계의 지도사상이다."라고 말했다. 독일의 실존주의 철학자 하이데거 역시 "세계 역사상 가장 완결무결한 평화정치를 2,000년간 펼친 단군시대가 있었음을 안다. 그래서 동양사상의 종주국인 한국을 좋아한다."라고 했다.

정말 대단한 나라가 아닌가? 우리는 모두 단군의 자손이다. 하지만 세계 어디에도 국조와 건국사상이 이토록 경시되는 나라는 없다.

잠시 로마 건국 이야기를 보자. 로물루스와 레무스 형제는 늑대의 젖을 먹으며 자란다. 이후 로물루스가 레무스를 죽이고 로마 건국의 시조가 된다. 늑대 젖을 먹는 형제의 모습을 표현한 청동 조각상은 고래로 로마의 상징이었다. 캄피돌리오 광장, 카피톨리니 미술관 등에서 볼 수 있다. 수많은 외국인이 로마에 갈 때 꼭 한 번씩 방문하는 곳들이다. 심지어 이탈리아 로마 축구 구단인 AS로마는 로물루스와 레무스가 늑대에게서 젖을 먹는 모습을 엠블럼으로 사용하고 있다.

대한민국 박물관, 미술관에서는 고조선 건국 이야기나 국조 단군과 관련된 그림이나 작품을 찾아보기 어렵다. 우리의 5,000년 역사와 홍익인간 정신의 상징인 단군 동상이 국립중앙박물관, 서울시청 광장 앞에 있다면 얼마나 좋을까?

그런데 필자가 만난 팀 버드송 전 한양대 교수는 외국인임에도

'홍익인간 전도사'를 자처하며 많은 한국인, 외국인에게 홍익인간 정신을 알리고 있다. 최근에는 '홍익인간' 글씨가 가운데에 크게 쓰여진 마스크를 쓰고 다닐 정도다. 주객이 전도된 것 아닐까? 정작 우리는 우리의 것을 내팽개치고 있는데 말이다.

홍익인간 정신은 우리에게 '삶을 어떻게 살아갈 것인가?'를 알려준다. 스스로 좋은 인간이 되기 위해 부단히 노력하고, 타인과 사회, 더 나아가 인류에 이로움을 주는 존재로 살아가고자 하는 방향성을 제시한다. 이러한 이타심은 궁극적으로 우리 자신의 삶을 윤택하고, 행복하게 만들어주면서 보람과 자긍심을 느끼게 해주는 원동력이 된다. 기업도 돈을 버는 것만이 목적이 아니라 고객과 지구촌을 이롭게 하고자 하는 경영철학을 가져야만 존경받는 기업으로 성장할 수 있다. 대한민국 국정운영도 마찬가지일 것이다.

지금 지구촌은 '세계화 4.0', '따뜻한 자본주의' 등의 표현이 대두되며, 새로운 글로벌 리더십과 시대정신을 간절히 원하고 있다. 지나친 물질주의 속에서 인간 본연의 정신과 가치가 훼손되었기 때문이다. 따라서 홍익인간은 대한민국뿐만 아니라 미래 인류 공동체를 위해 널리 퍼져나가야 할 '인류정신'이다. 지구촌 공존과 공영발전을 위한 핵심축인 셈이다.

우리는 선진국이자 개도국의 어머니, 선한 성품을 가진 공동체 의식을 지닌 사람들이다. 지금 전 세계로부터 주목받는 K팝 등 대중문화 한류를 뛰어넘어 홍익인간 정신을 담고 있는 K스피릿인 '정신한류'로 인류의 평화와 번영에 이바지한다면, 대한민국은 전 세계로부터 존경받는 품격 있는 나라가 될 것이다.

자부심 넘치는 대한인으로 살아가길

이 책을 통해 5,000만 국민 모두가 한국인으로서 자부심을 느끼며 멋지게 살아가는 대한인(大韓人)이 되길 바라면서 집필했다. 그리고 이 책은 소위 '국뽕'도 아니고 국수주의도 아니다. 무조건 우리 것이 소중하다는 주장도 아니다. 다른 나라를 배척하자는 것은 더더욱 아니다. 모두 함께 어우러져 가야 한다. 다만 우리가 우리에 대해 너무나도 모르고 있기에, 그리고 아무도 가르쳐주지 않기에 감히 용기 내어 써 내려갔다.

놀라운 한국인 에너지가 용솟음치고 잠자고 있는 우리의 얼과 혼이 되살아나 세계를 주름잡는 팍스코리아나의 웅대한 모습을 떠올리며, 설렘 가득한 시간을 보냈다. 가슴 벅찬 내용들을 하나하나

채워 나가면서 순간순간 형언할 수 없는 감정이 복받쳐 올랐다. 감격과 환희, 슬픔과 비통함이 마음을 가득 채웠다.

필자는 대한민국의 지도층과 최고경영진, 학생들 앞에서 이 책에 담긴 내용으로 많은 강연을 해왔다. 청중들은 남녀노소 할 것 없이 너무 충격적이고, 너무 감동적이라는 말씀들을 주셨다. 우리나라를 새롭게 알게 되었다, 몰랐던 것이 너무 많아서 부끄러웠다, 애국심이 끓어 오른다, 자부심이 팍팍 느껴진다는 등의 반응도 많았다. 과분한 응원과 격려를 보내주신 모든 분께 이 자리를 빌려 감사의 말씀을 전하고 싶다.

필자는 2020년에 대한민국 5,000만 국민, 800만 재외동포, 그리고 대대손손 신나게 불리기를 바라는 마음으로 애국 응원가 '코리아 찬가'를 기획, 제작했다. 작사도 직접 했다. 작곡은 서희태 감독이, 그리고 뮤직비디오에는 노래를 부른 의리의 아이콘 배우 김보성 님을 비롯해 대한외국인 안젤리나 다닐로바 님, 하버드대 석학 임마누엘 페스트라이쉬 교수님, 가수 박상민 님, 마라토너 이봉주 님, 브라질 리우 올림픽 태권도 금메달리스트인 오혜리 님, 아나운서 조수빈 님을 비롯한 많은 스타 연예인, 그리고 국가대표응원단 레드엔젤이 참여했다. 귀한 인연으로 함께해주신 한 분 한 분께, 그리고 관계자 여러분께 감사를 전한다. '코리아 찬가'를 들으면서 한국인으로서의 가슴 벅찬 자긍심을 노래하자.

자랑스런 코리아 대한민국!

사랑스런 코리아 대한민국!

팍스코리아나 선언문 __ 홍대순

내가 바라는 대한민국은 팍스코리아나!

팍스코리아나! 단어만 들어도 가슴이 설레고 뭉클해진다.

경제부국, 문화대국을 이루는 것이며

1등 국가, 1등 국민이 되는 것이다.

지구촌 77억 시민들로부터 존경받는 국가 대한민국!

5,000년의 찬란한 역사와 문화를 지닌 대한민국이여!

신묘한 에너지를 지닌 대한인이여!

국조 단군의 건국철학이자 국혼인

홍익인간 정신을 인류정신으로 승화시켜

지구촌 평화와 인류공영에 이바지하고

정신한류와 함께 인류의 미래로 우뚝 서자.

이것이 지구촌에 대한민국이 존재하는 이유다.

1. 한국인 에너지는 무엇인가?

1. <월간 조선>, 1994년 1월호.
2. '몰입이론' 창시 칙센트미하이 교수, <연합뉴스>, 2007년 11월 22일.
   https://www.yna.co.kr/view/AKR20071122160100005
3. 우리만 모르는 우리의 멋 '조각보', <경기일보>, 2019년, 11월 07일.
   http://www.kyeonggi.com/news/articleView.html?idxno=2192759
4. 《세계인과 함께 보는 한국 문화 교과서》, 최준식, 소나무, 2011년 05월.
5. '경매 최고가 석권' 백자 달항아리 인기 비결은?, KBS 뉴스, 2019년 07월 08일.
   https://news.kbs.co.kr/news/view.do?ncd=4237367#
6. 운동선수는 우뇌를 활용하라-인체의 능력 높이는 과학적인 훈련방법, <중앙
   일보>, 1986년 09월 26일.
   https://www.joongang.co.kr/article/2069103#home
7. 복강경 시술능력도 '젓가락 효과', <의학신문>, 2005년 08월 29일.
   http://www.bosa.co.kr/news/articleView.html?idxno=70475

2. 얼과 혼을 잃어버린 한국인

1. 이부진 사장이 한복디자이너 이혜순 찾아가 사과한 까닭은, <중앙일보>, 2011년 04월 14일.
   https://www.joongang.co.kr/article/5344980#home
2. 《세계인과 함께 보는 한국 문화 교과서》, 최준식, 소나무, 2011년 05월.
3. "한국, 中 일부" ⋯ 트럼프 실수? 시진핑의 속내?, <세계일보>, 2017년 04월 20일. https://www.segye.com/newsView/20170420003488
4. 다시 돌아올 것이다(1부 침략자가 쓴 역사), EBS 지식채널e

4. 한국 속의 세계, 세계 속의 한국

1. '이란판 단군신화' 속 페르시아 왕자·신라 공주의 '사랑'과 '전쟁', <경향신문>, 2021년 06월 07일.
2. 위와 동일.
3. AT Kearney, 2020 Global Cities Report, 글로벌 도시지수에서 서울은 2019년 13위, 2020년 17위를 차지했다.
4. 《한국 7대 불가사의》, 이종호, 역사의 아침, 2007년 03월.
5. 김치·발해가 중국 것?⋯반크 "중국 영토 표기 수두룩", <국민일보>, 2021년 01월 13일.
   http://news.kmib.co.kr/article/view.asp?arcid=0015421040&code=61171811&cp=nv
6. 옷감 짜는 기술 전해줘⋯ 백제의 최신 패션문화 日에 접목, <동아일보>, 2015년 07월 23일. https://www.donga.com/news/article/all/20150723/72658468/1
7. 위와 동일.
8. 김부식의 《삼국사기》에 '삼천궁녀와 놀아나다 나라를 망친 인물'로 묘사되어 있어 잘못 알려지고 왜곡된 부분이 많다고 한다. 실제 '삼천궁녀'는 많은 수를 나타낼 때 삼천을 썼기 때문에 의자왕을 낙인찍은 문학적 표현일 뿐이라는 학자들의 의견이 있다.

5. 문화유산, 새로운 국부창출의 보고

1. 루이비통의 남자 버질 아블로, "일은 곧 삶이다. 아이들이 나의 패션 영웅", <조선일보>, 2021년 01월 13일.
    https://www.chosun.com/culture-life/2021/01/13/
    RLNSNGJNORDPZLKLYFPNAOB4KM/
2. KBS대전 과학다큐 스페셜 위대한 유산 3부작 2부 '동의보감, 세계가 탐낸 조선의 의학', KBS대전 2017년 02월 21일 방송.
3. 다뉴세문경의 0.3㎜ '나노 예술', 원조는 덧띠·빗살무늬토기다, <경향신문>, 2020년 08월 11일.
    https://www.khan.co.kr/culture/culture-general/article/
    202008110600001
4. 2008년 10월 16일 열린 《국보 제141호 다뉴세문경 과학적 보존처리》 학술대회에서 과학적 조사를 통해 다뉴세문경의 합금 비율을 구리 65.7: 주석 34.3이며, 거푸집은 입자가 가는 모래에 문양을 조각하여 만들었음을 밝혔다.
5. 세계 최장의 고구려 목조 다리, <성광일보>, 2016년 05월 09일.
    http://www.sgilbo.kr/news/articleView.html?idxno=11235
6. 《코리아는 다시 뜬다》, 오창규, 책밭, 2016년 12월.

6. 팍스코리아나를 향해

1. 사회적 불신이 성장률 갉아먹어..韓, 갈등관리 비용만 매년 240조, <서울경제>, 2019년 01월 20일. https://www.sedaily.com/NewsView/1VE41ETFSU
2. 1973년 1월 1일 동아일보와의 인터뷰에서 이렇게 이야기한 것으로 전해지고 있다.

그림목록 및 출처

저자소개

홍대순

휴대폰 통화연결음이 '애국가'일 정도를 대한민국을 사랑하고, 국기에 대한 경례를 할 때면 늘 가슴이 벅차오른다. 전략가이자 경영컨설턴트로 다양한 산업 분야에 걸쳐 국내외 굴지의 기업을 대상으로 비전 및 비즈니스 포트폴리오, 신사업, 인수합병, 혁신경영 전략수립을 비롯하여 글로벌 마케팅전략, 기술전략 및 인사, 조직 관련 컨설팅 프로젝트를 20여 년간 수행해온 경영 베테랑이다.

연세대학교에서 응용통계학 학사, 경제학 석사 및 경영학 박사학위를 받았으며 세계적인 글로벌 경영전략컨설팅 회사(1886년에 미국에서 설립된 세계 최초의 컨설팅사)인 아서디리틀(Arthur D. Little, ADL) 코리아 대표를 역임했다. 이화여자대학교 경영전문대학원 교수를 거쳐 글로벌전략정책연구원 원장을 맡고 있다. 대통령실, 정부 부처(기재부, 산업부, 국토부 등)와 기관, 기업의 자문위원, 사외이사, 자문교수 등의 역할을 해왔다. 최근에는 '홍대순TV'로 유튜브에도 발을 내디뎠으며 '팍스코리아나 아카데미아'를 이끌고 있다.

또 한국인 에너지, 코리아 스피릿, 팍스코리아나, 4차 산업혁명, 경영전략, 창의경영, 아트경영 주제로 자문과 컨설팅, 칼럼 기고, 방송, 강연 등을 하고 있다. 기업 및 기관을 대상으로 '아트경영스쿨'을 운영하고 있으며, 최고경영진 및 오피니언리더를 위한 독보적인 '아트경영 아카데미아'를 개설해 화제를 모으며 '경영 아티스트'로도 불린다. 애국 응원가인 '코리아 찬가' 음반을 기획, 제작, 작사하였고, 미래창조과학부 장관상을 수상한 바 있다. 저서로는 《아트경영》을 비롯해 《인더스트리 4.0》, 《제3세대 R&D 그 이후》, 《산업전쟁 5》(공저) 등이 있다.

유튜브 홍대순TV
hong.daesoon@gmail.com

한국인 에너지

2021년 11월 15일 초판 1쇄 | 2022년 8월 16일 6쇄 발행

지은이 홍대순
펴낸이 박시형, 최세현

책임편집 최세현 **디자인** 박선향
마케팅 이주형, 양근모, 권금숙, 양봉호 **온라인마케팅** 신하은, 정문희, 현나래
디지털콘텐츠 김명래, 최은정, 김현정 **해외기획** 우정민, 배혜림
경영지원 홍성택, 이진영, 임지윤, 김현우, 강신우
펴낸곳 (주)쌤앤파커스 **출판신고** 2006년 9월 25일 제406-2006-000210호
주소 서울시 마포구 월드컵북로 396 누리꿈스퀘어 비즈니스타워 18층
전화 02-6712-9800 **팩스** 02-6712-9810 **이메일** info@smpk.kr

ⓒ 홍대순(저작권자와 맺은 특약에 따라 검인을 생략합니다)
ISBN 979-11-6534-421-4(03910)

쌤앤파커스(Sam&Parkers)는 독자 여러분의 책에 관한 아이디어와 원고 투고를 설레는 마음으로 기다리고 있습니다. 책으로 엮기를 원하는 아이디어가 있으신 분은 이메일 book@smpk.kr로 간단한 개요와 취지, 연락처 등을 보내주세요. 머뭇거리지 말고 문을 두드리세요. 길이 열립니다.